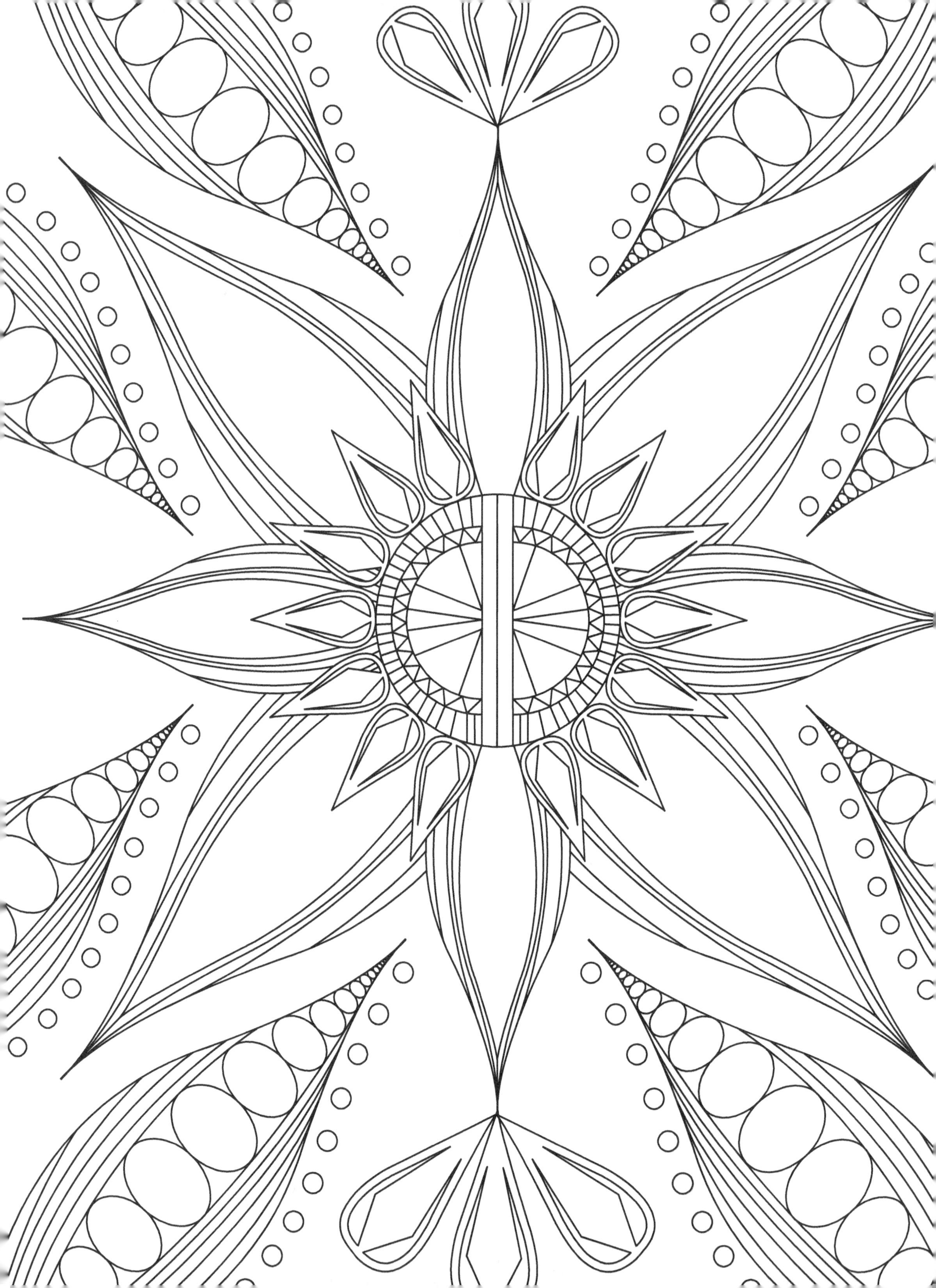

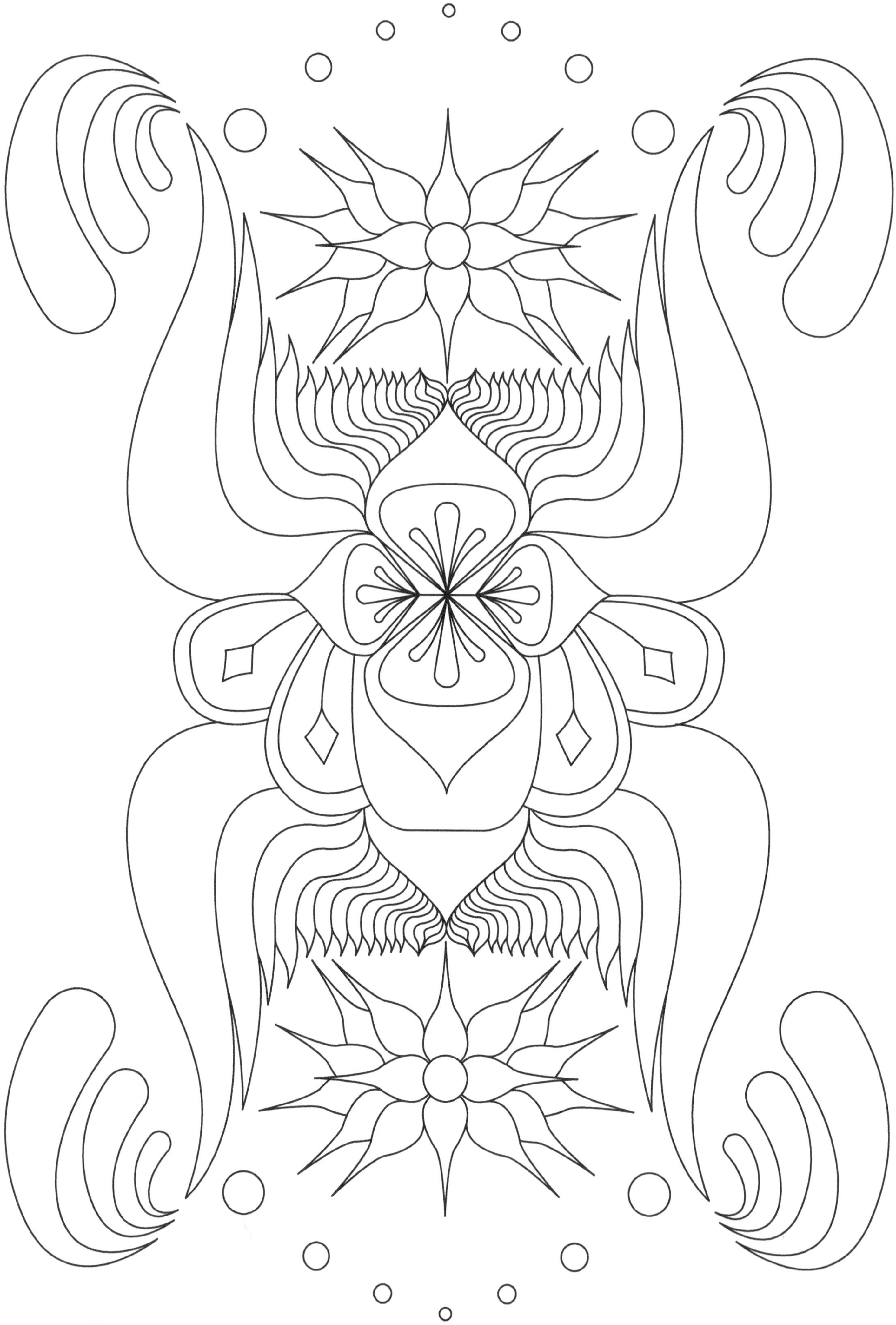

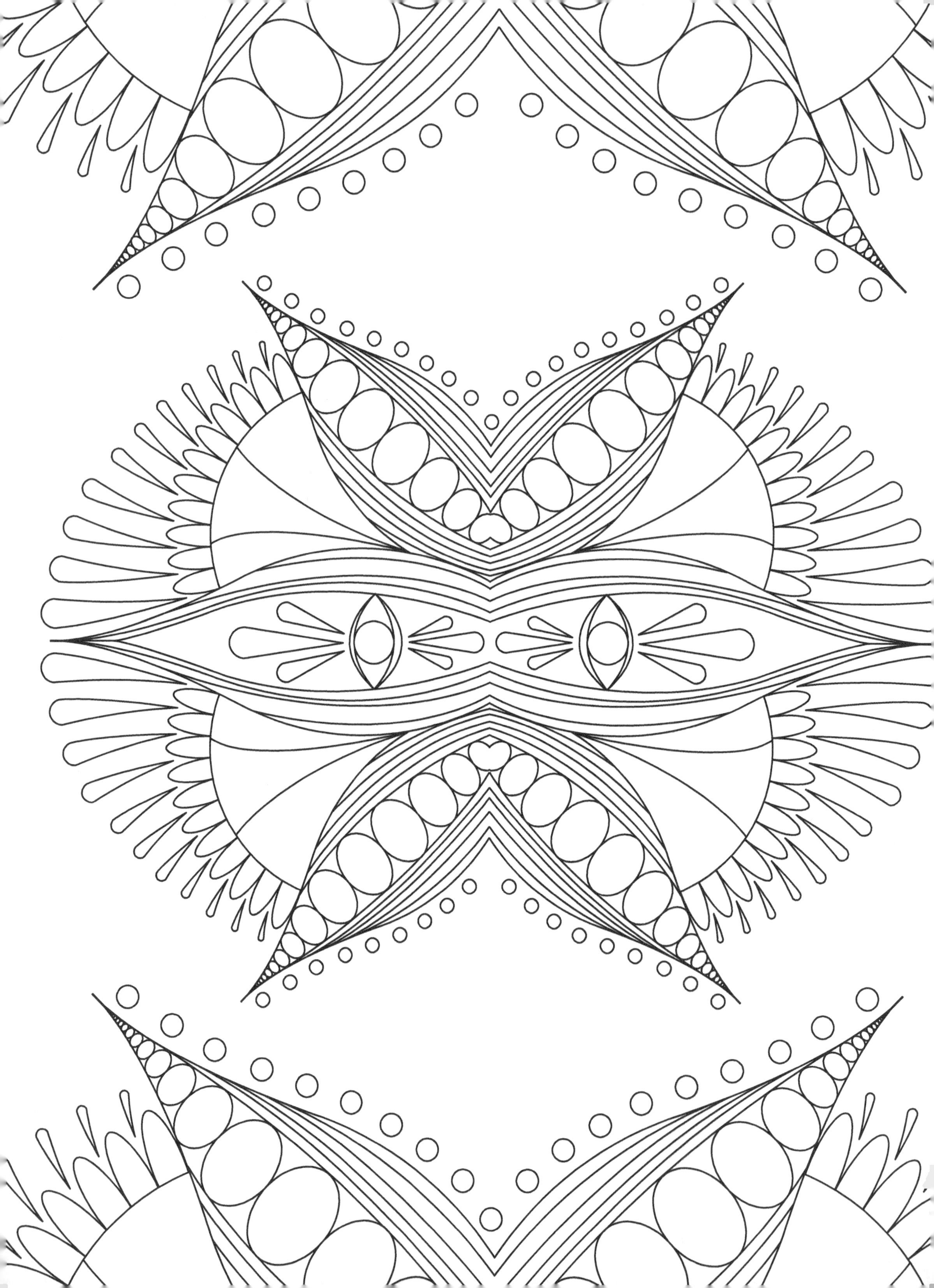

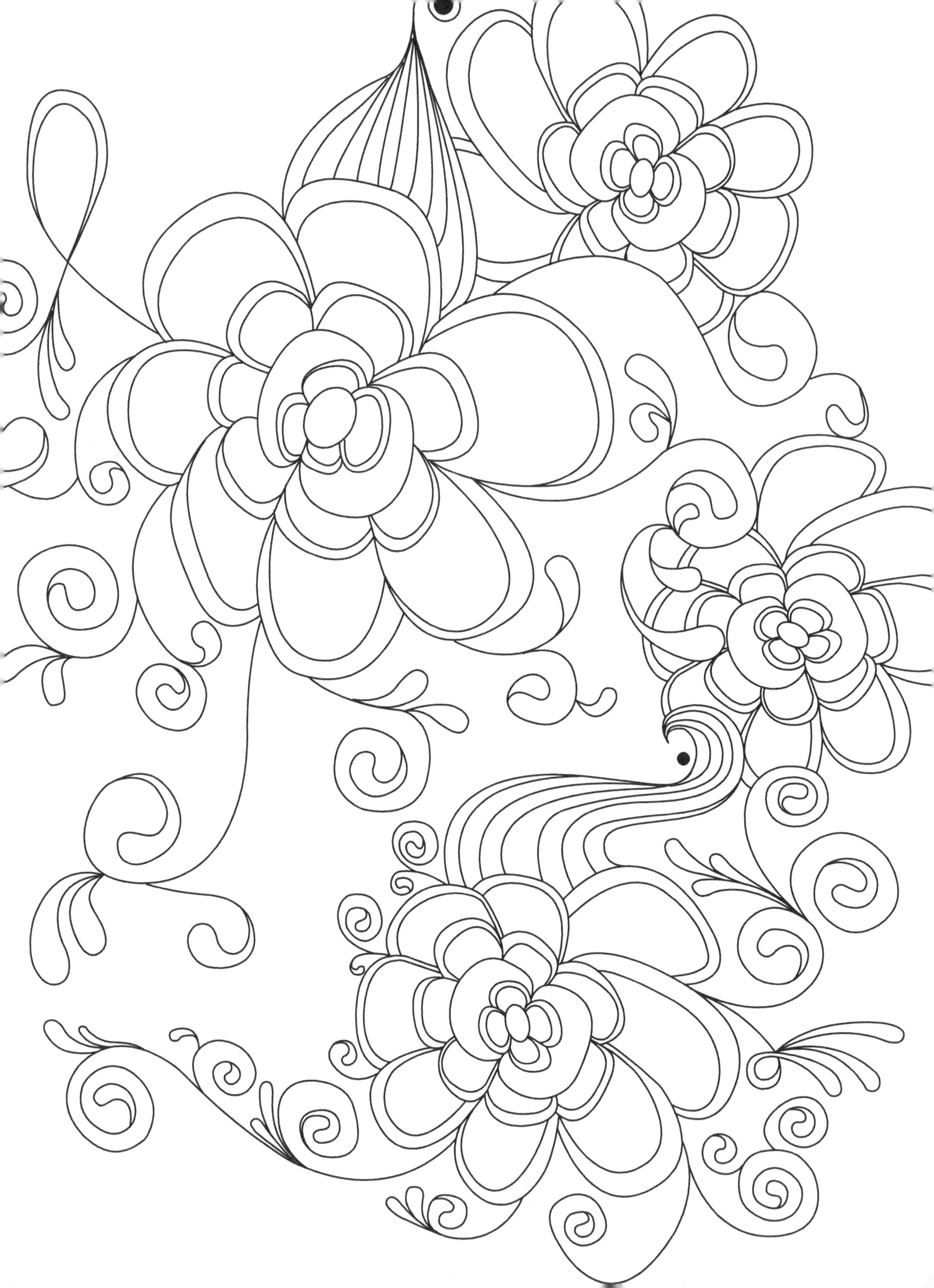

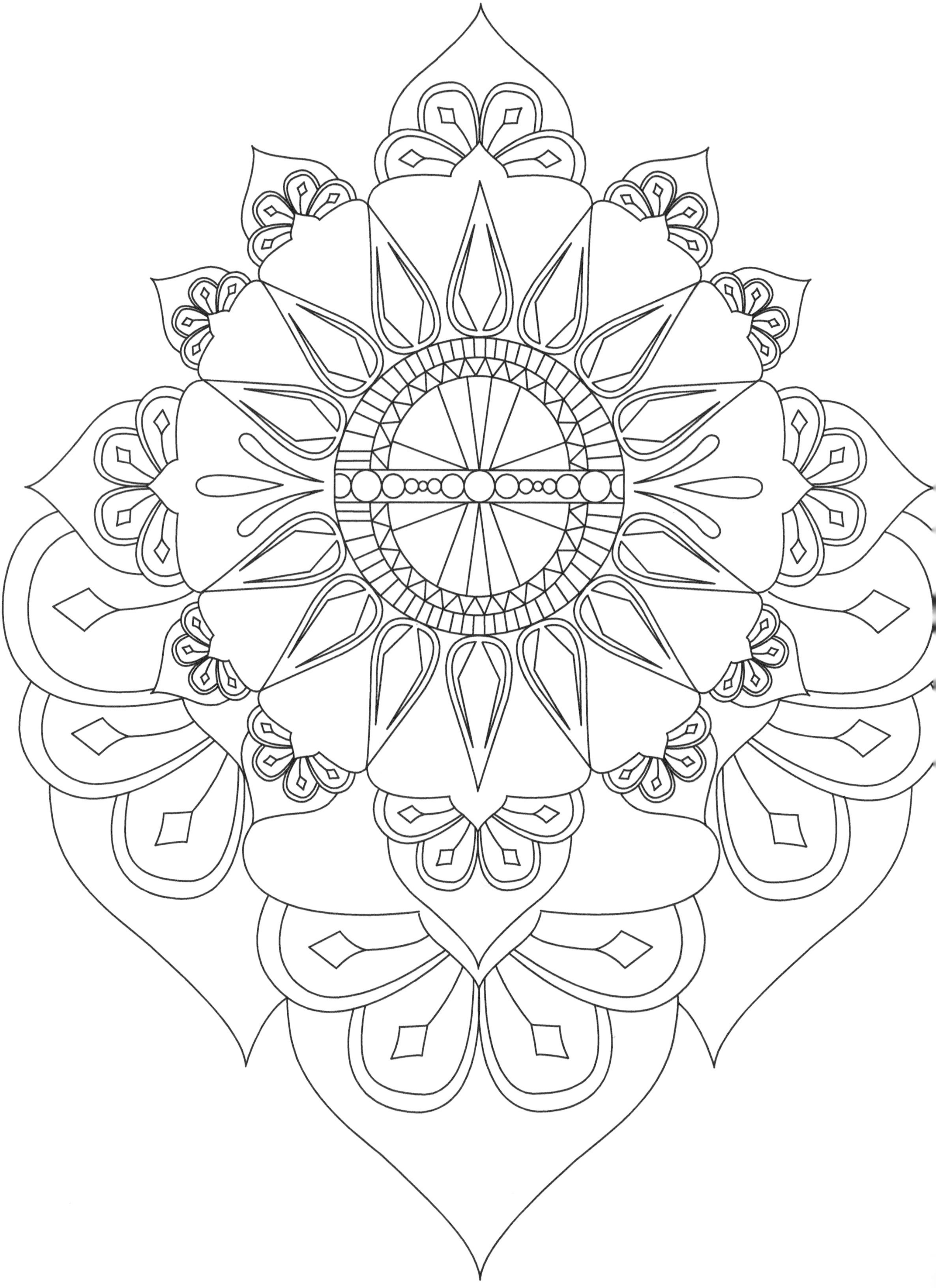

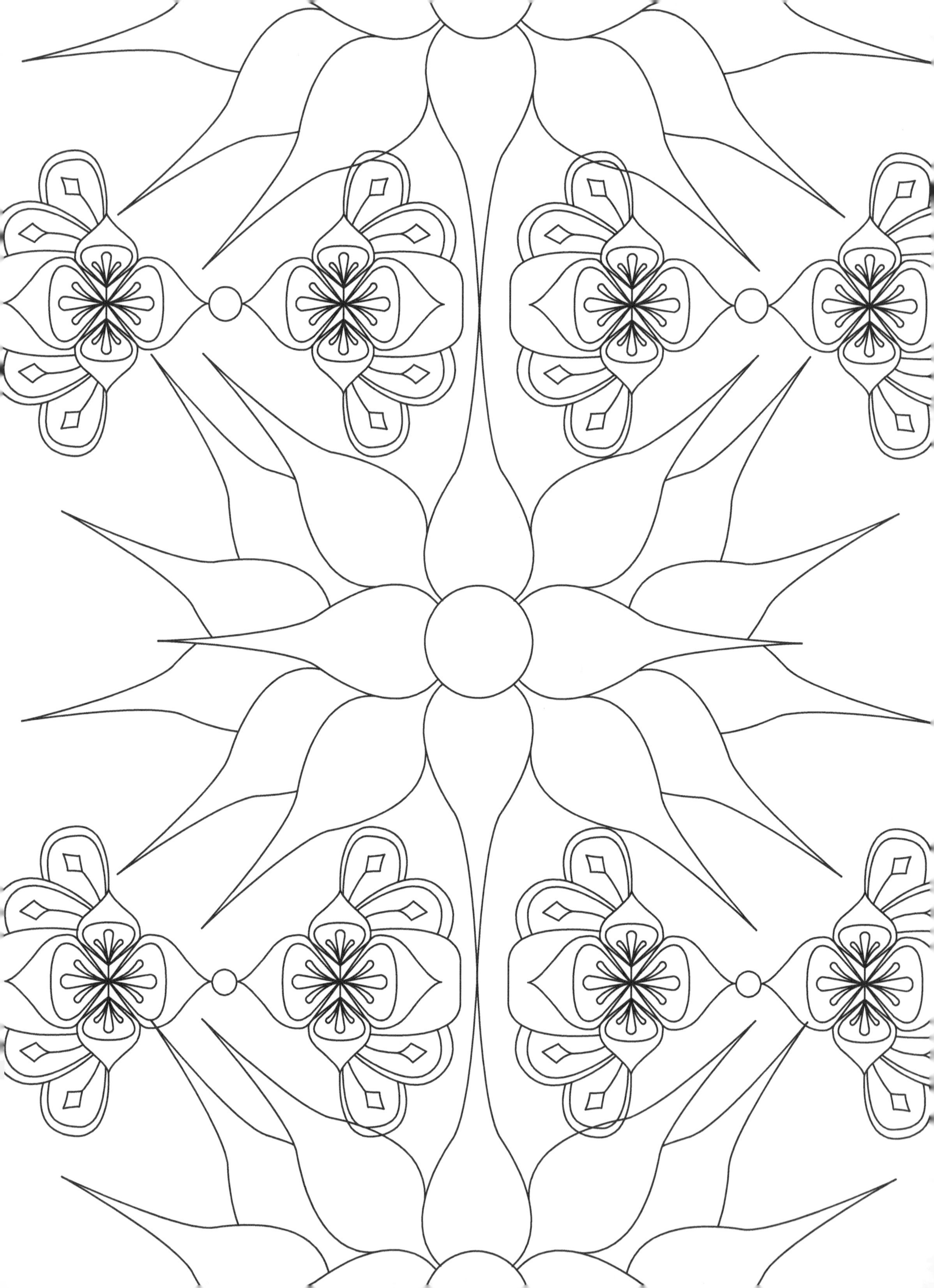

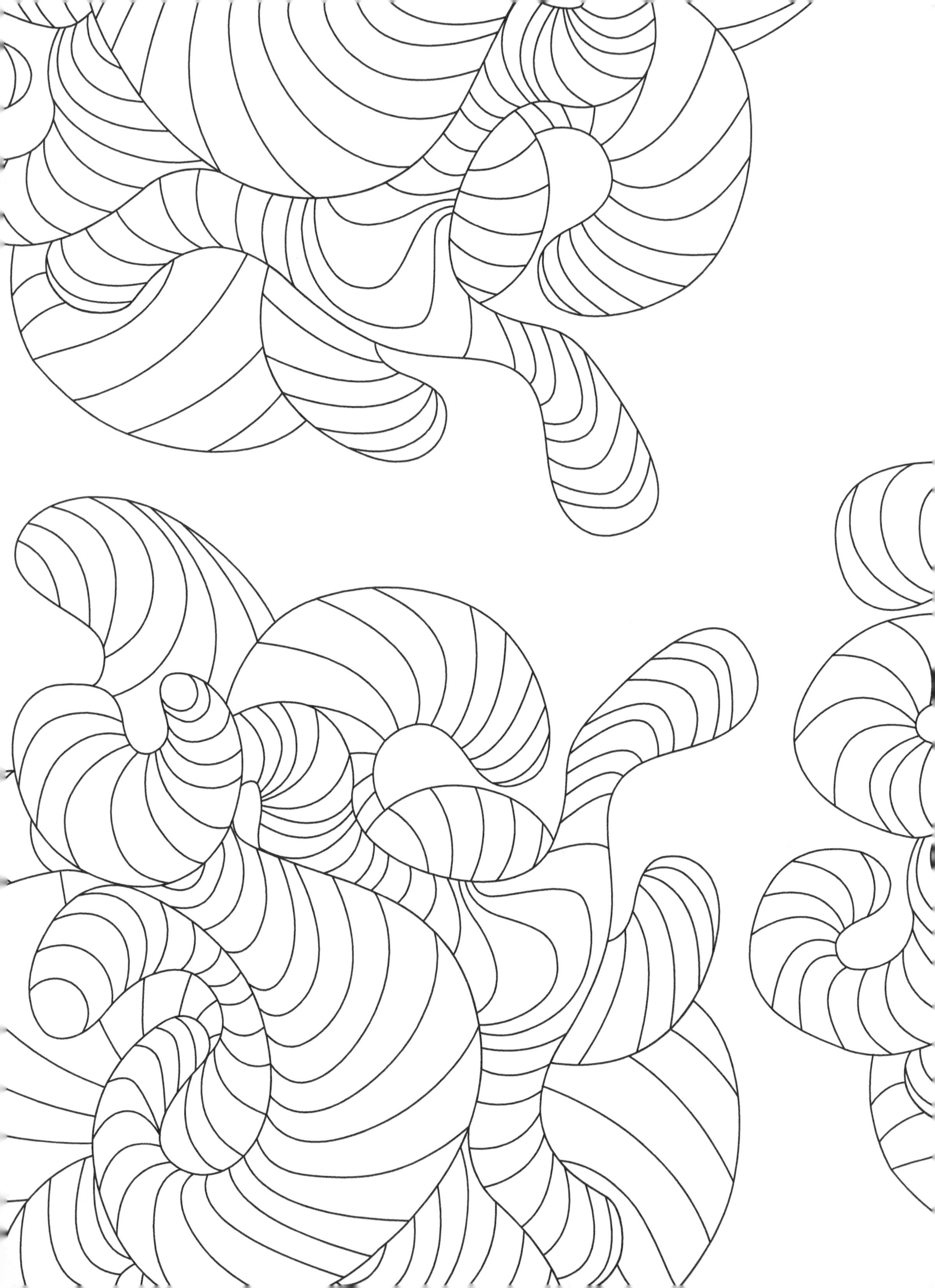

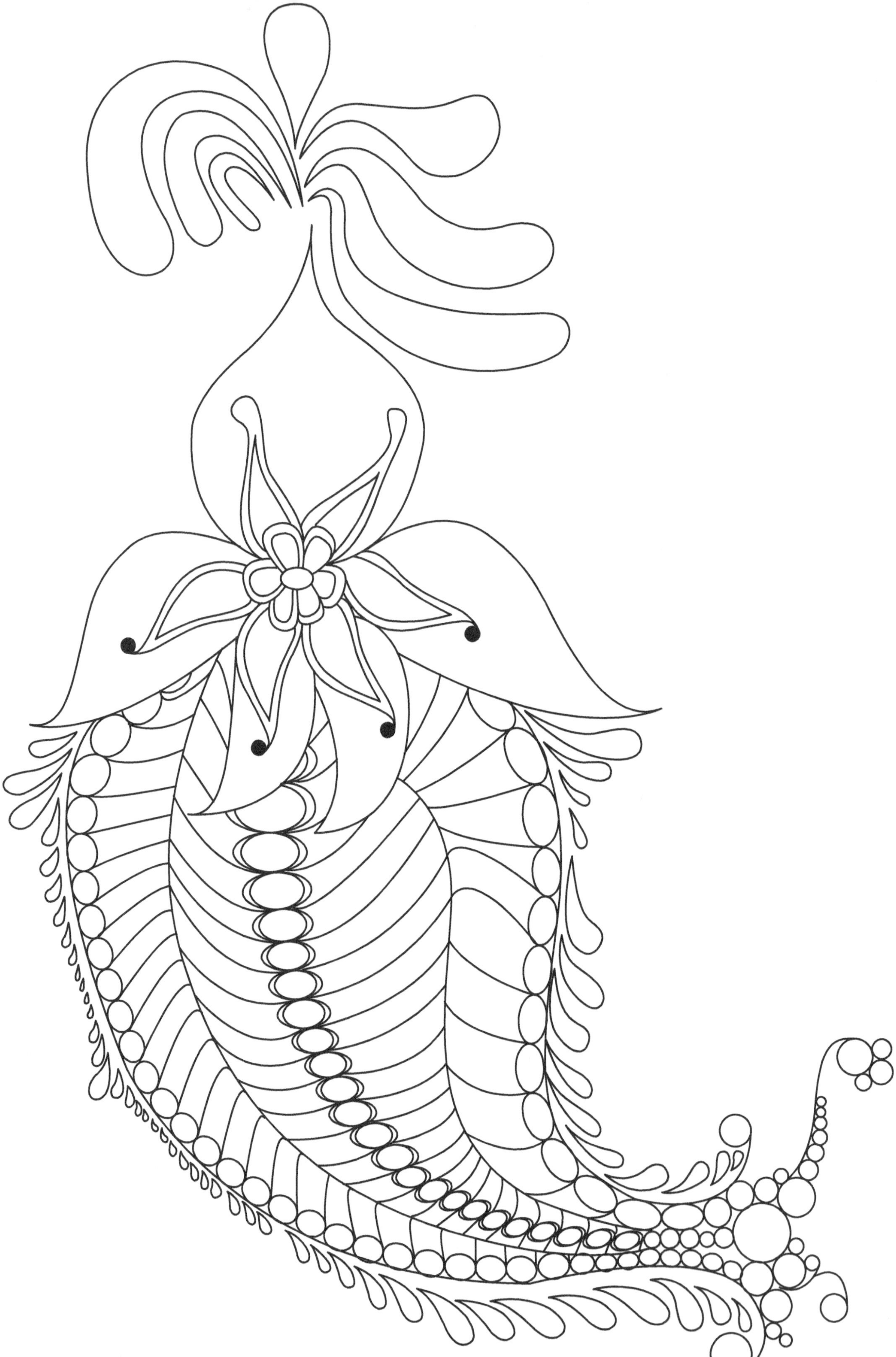

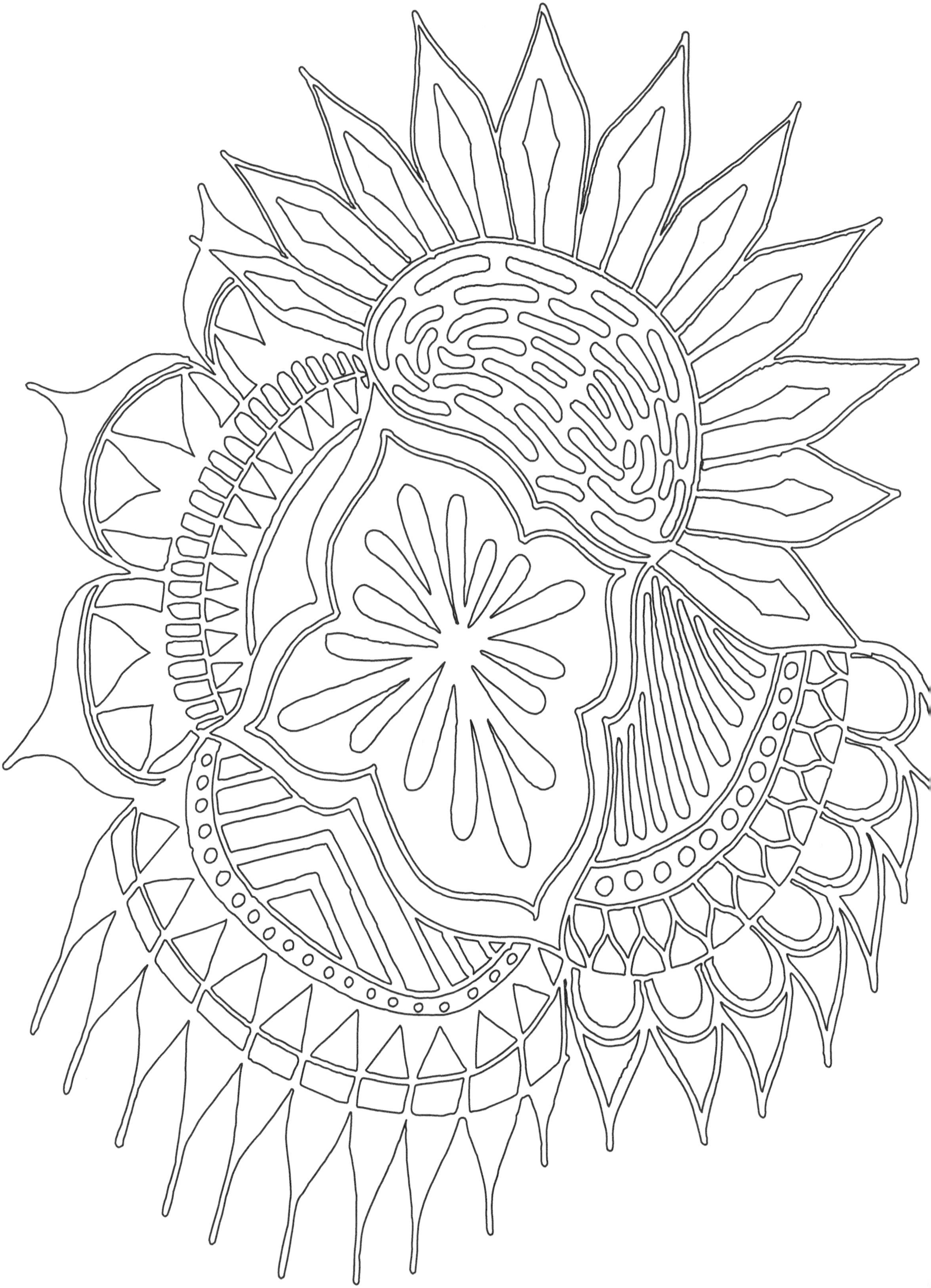

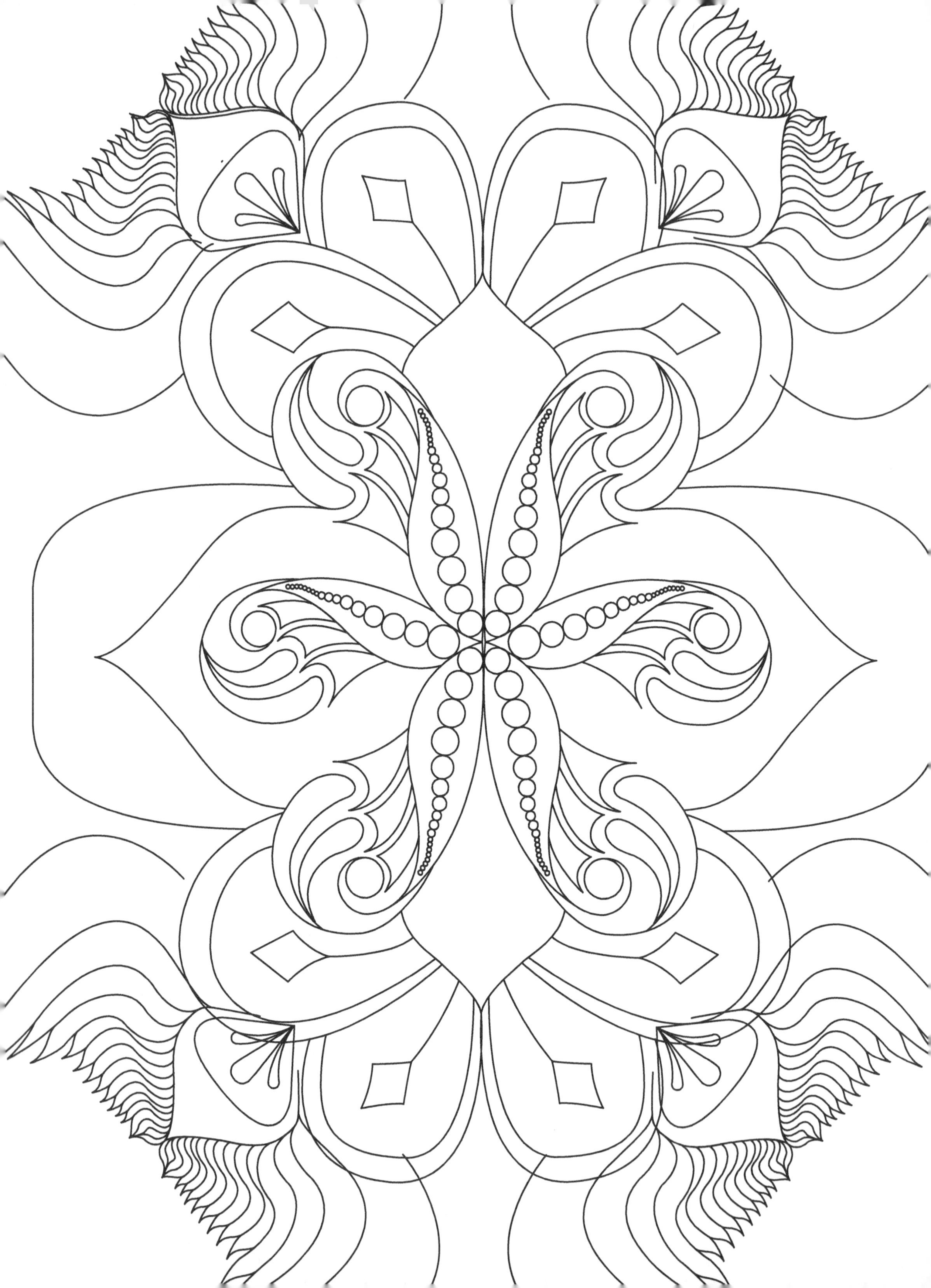

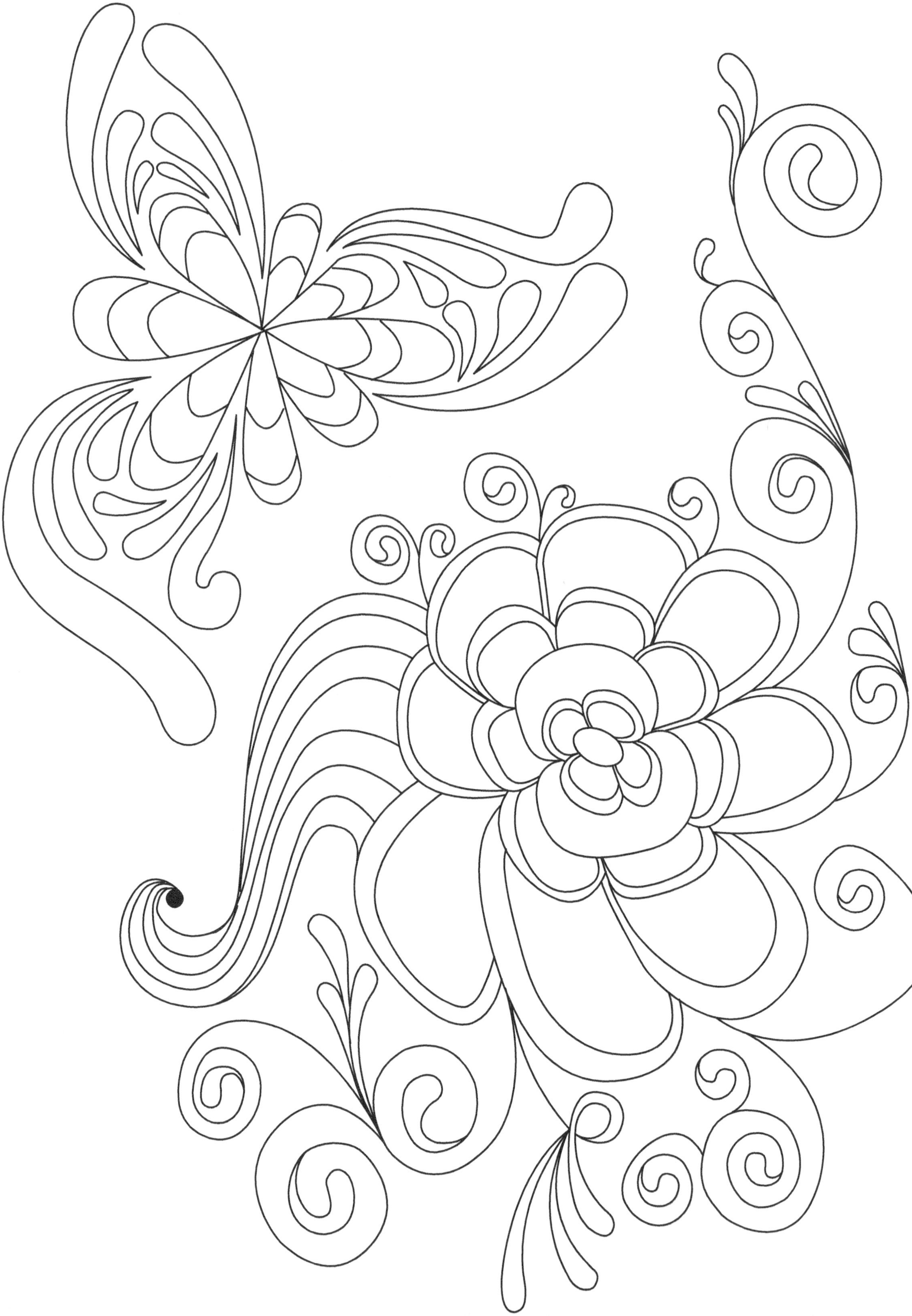

Friday

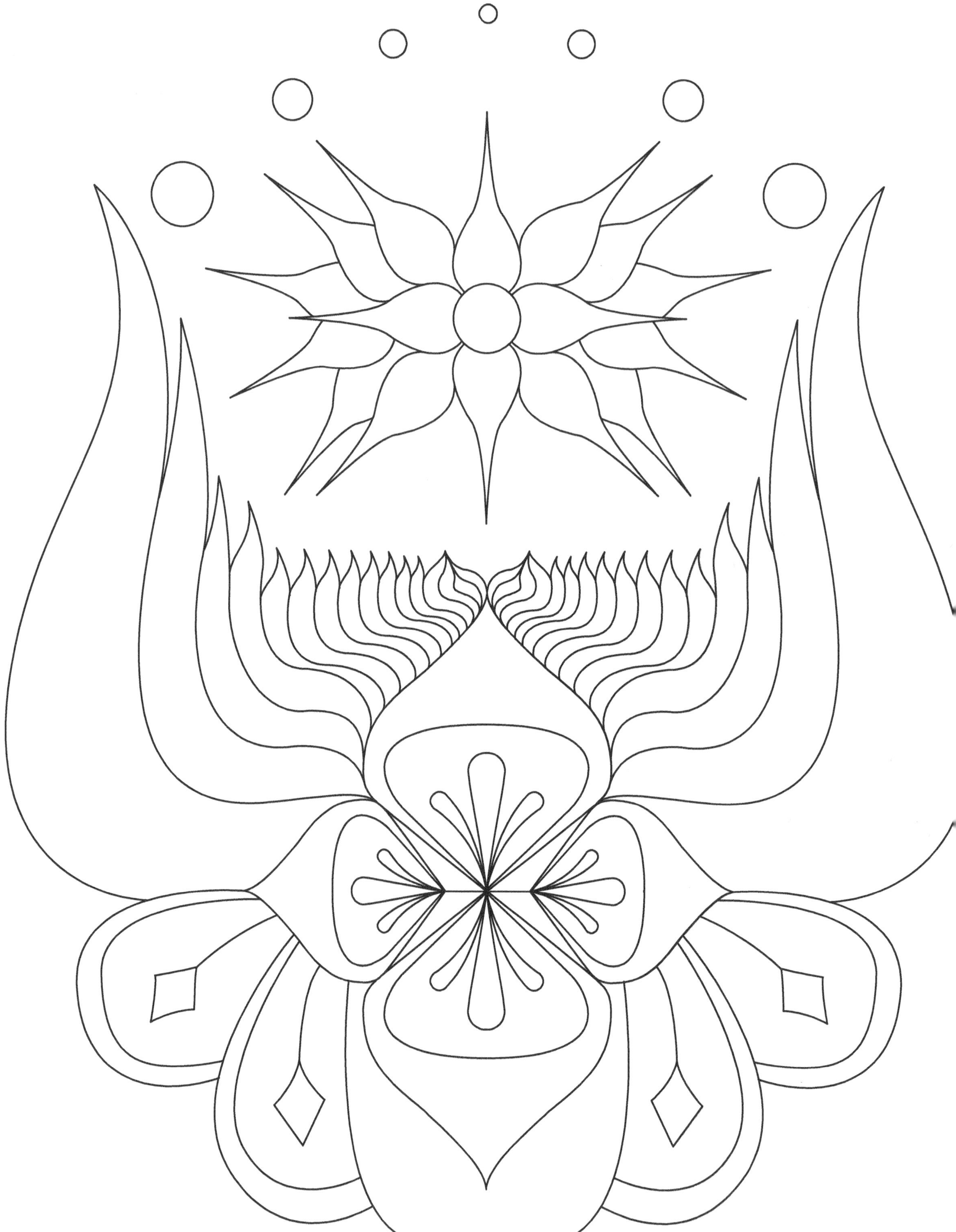

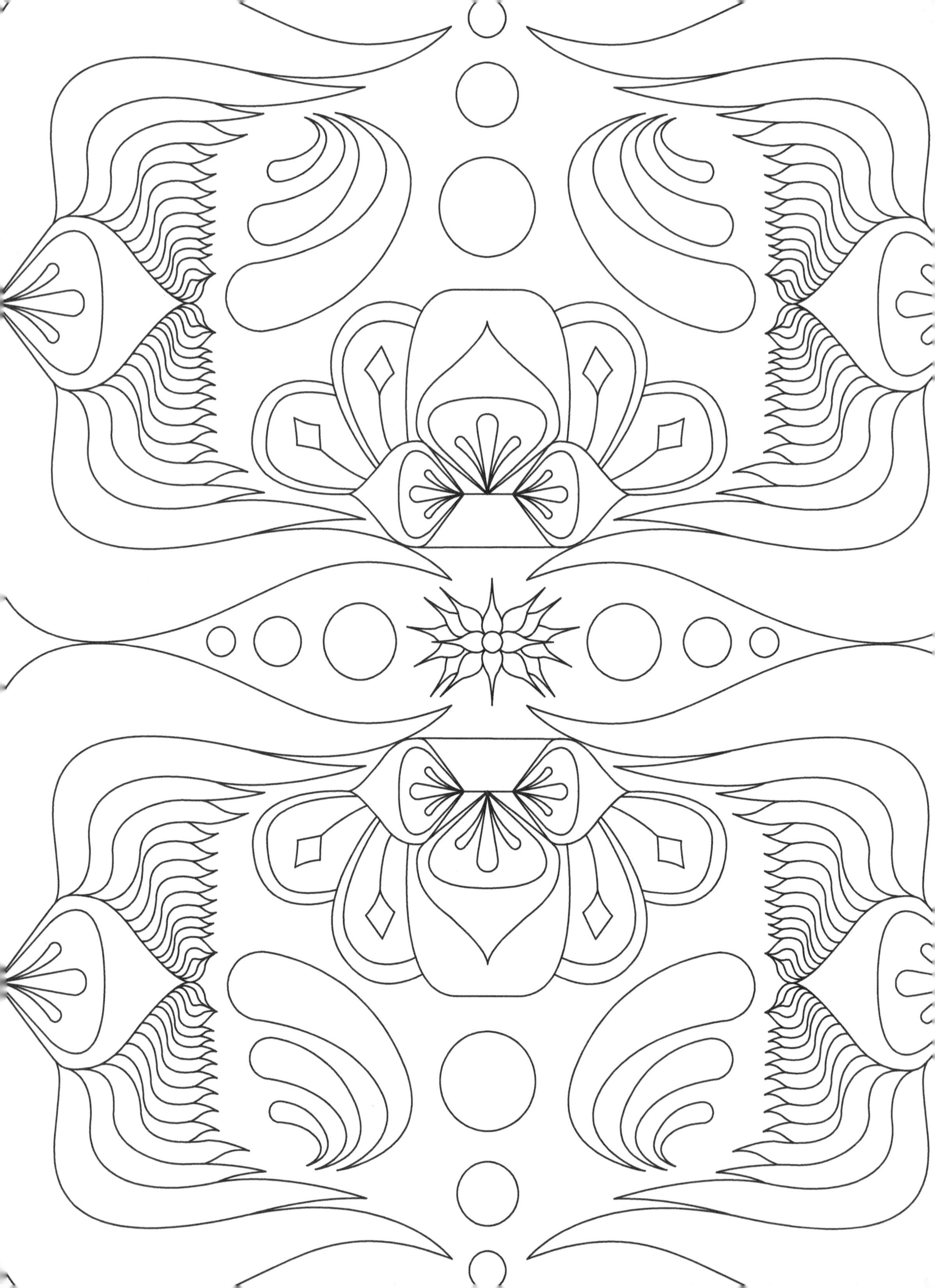

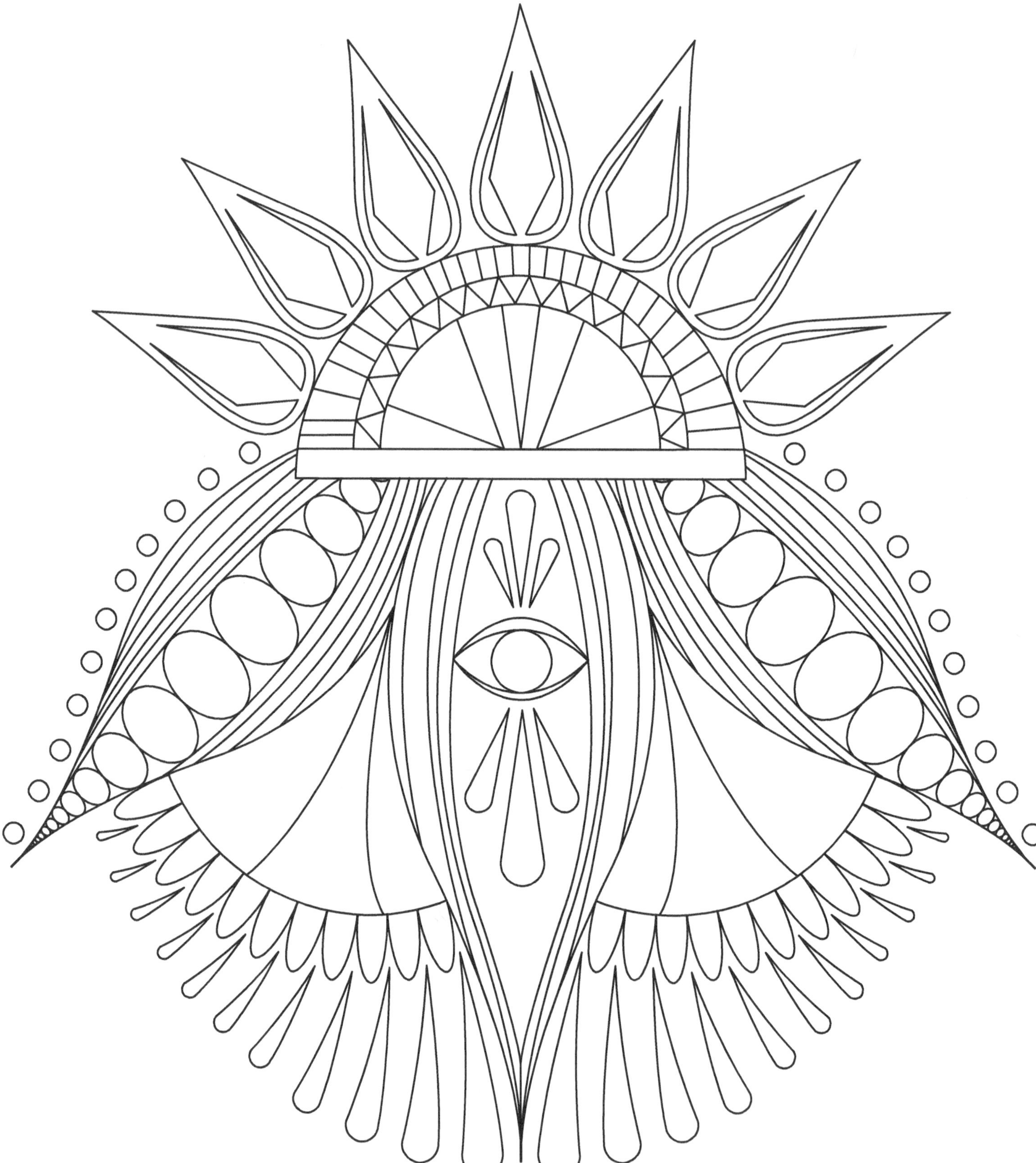

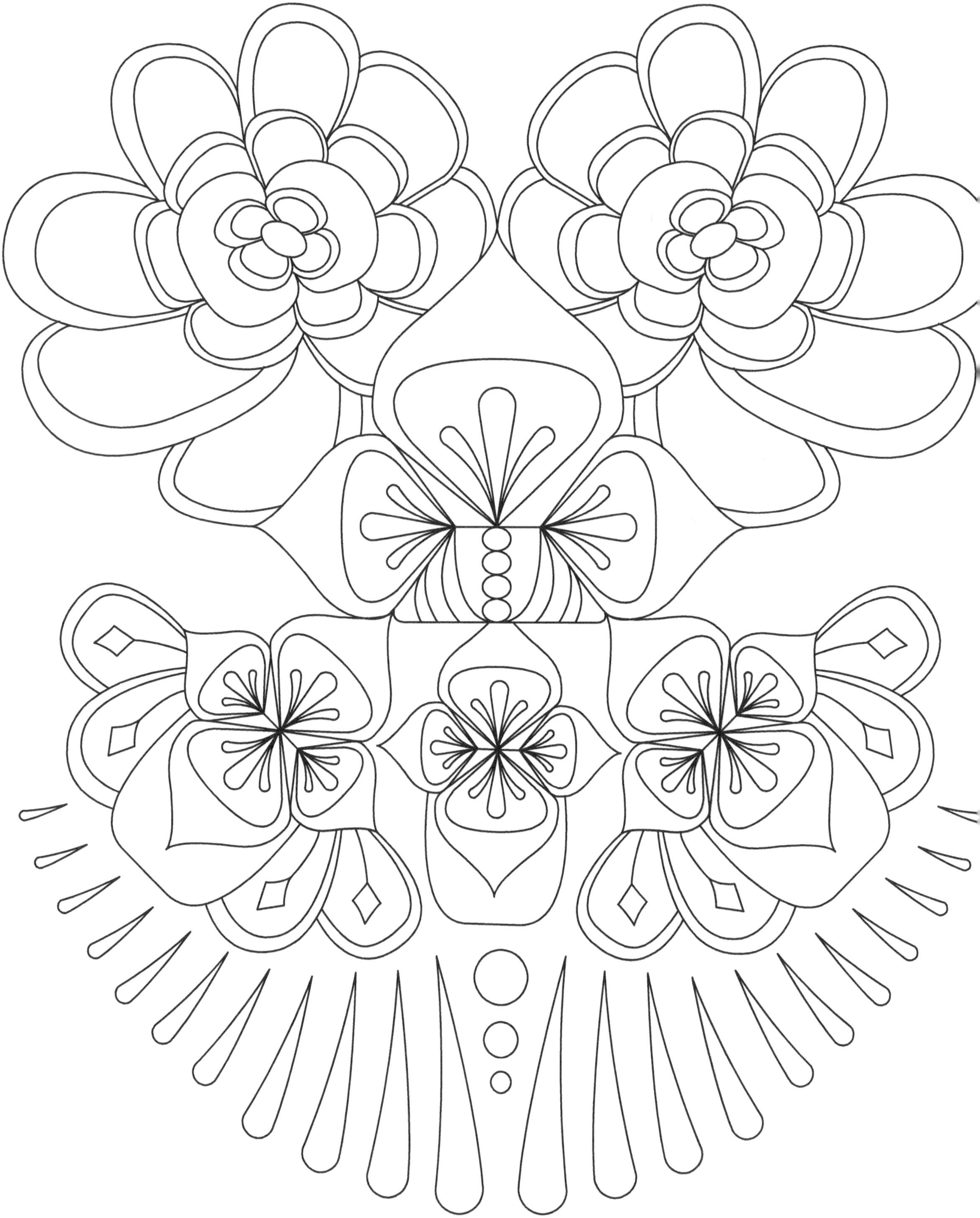

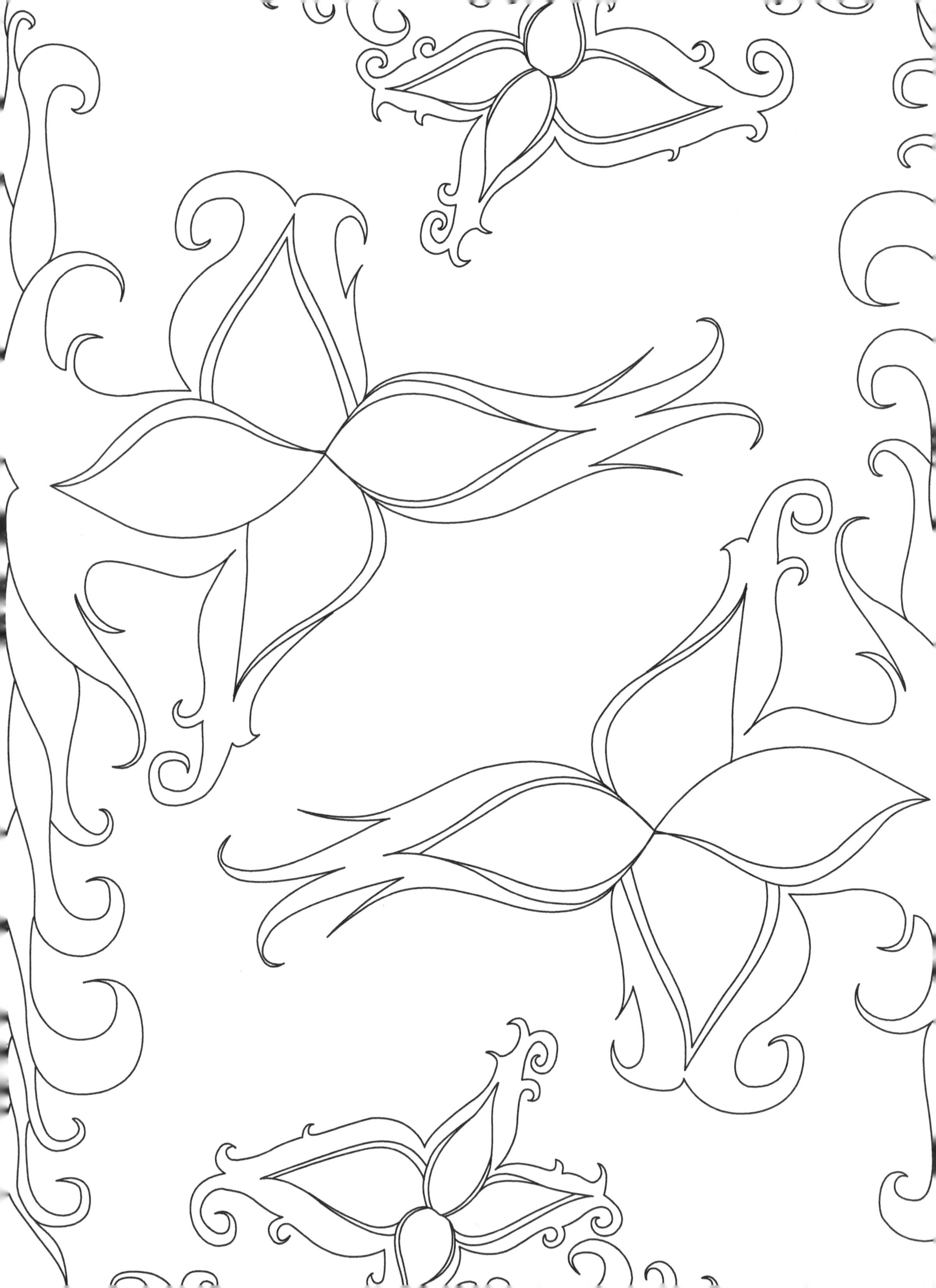

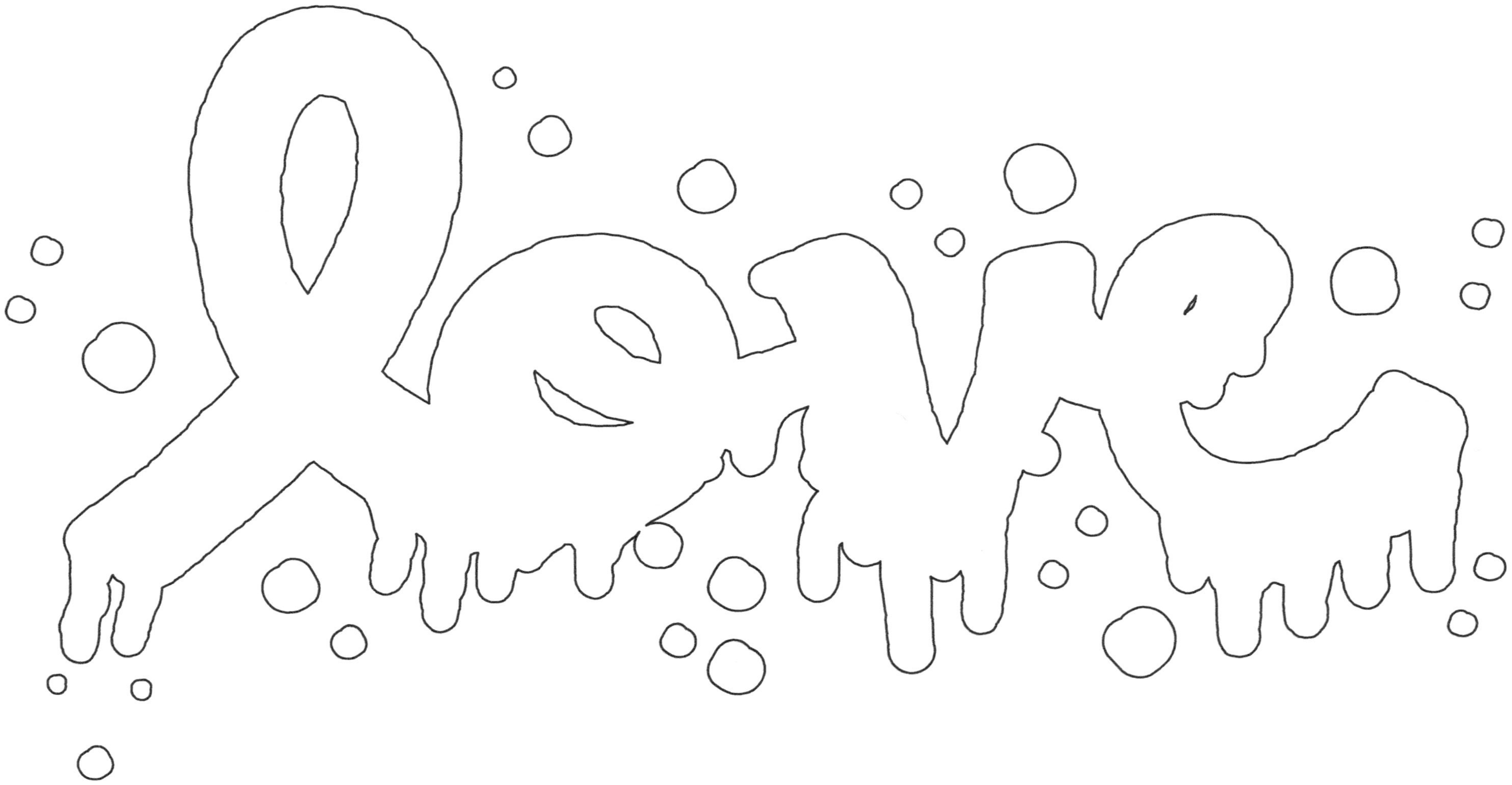

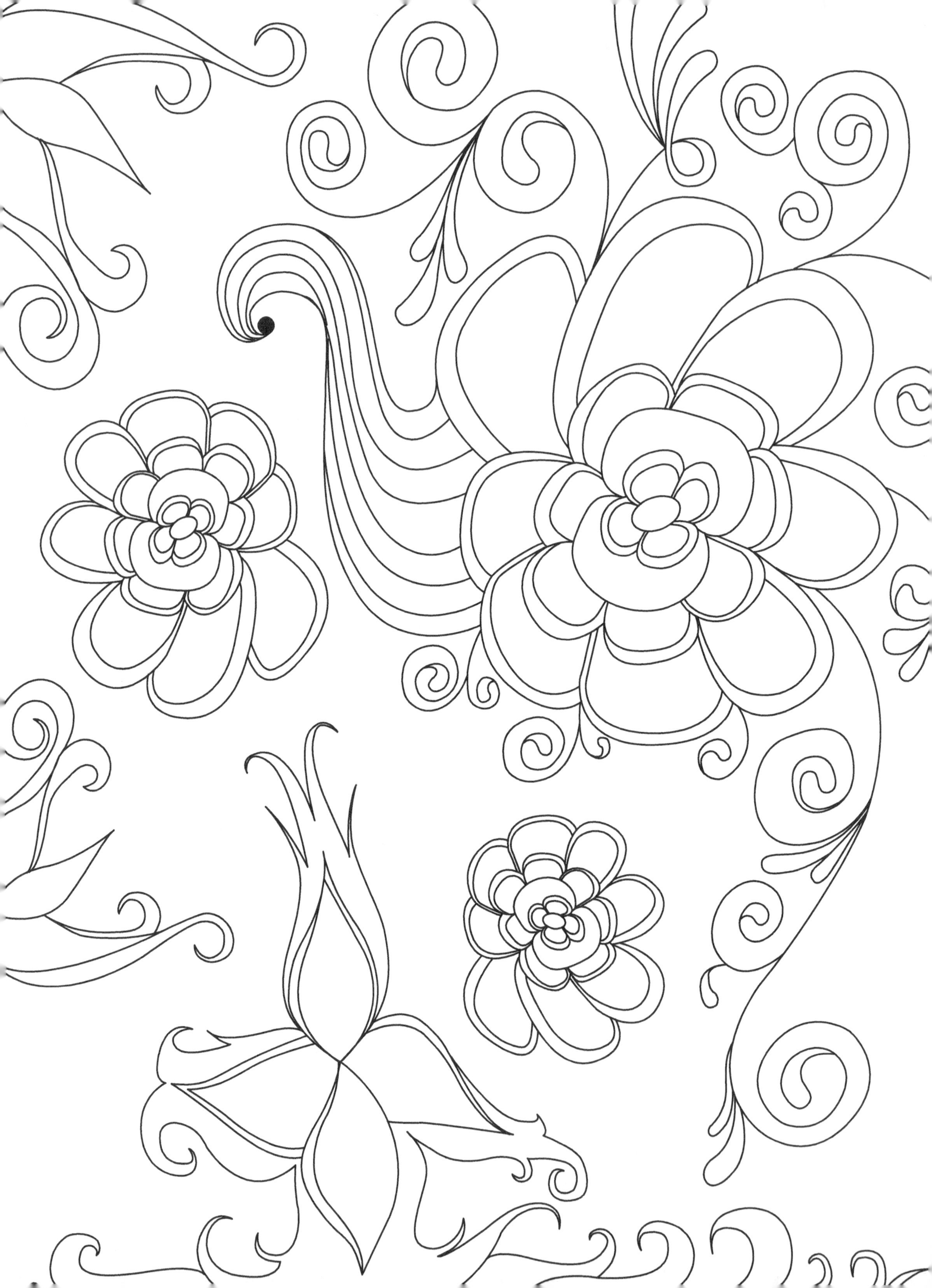

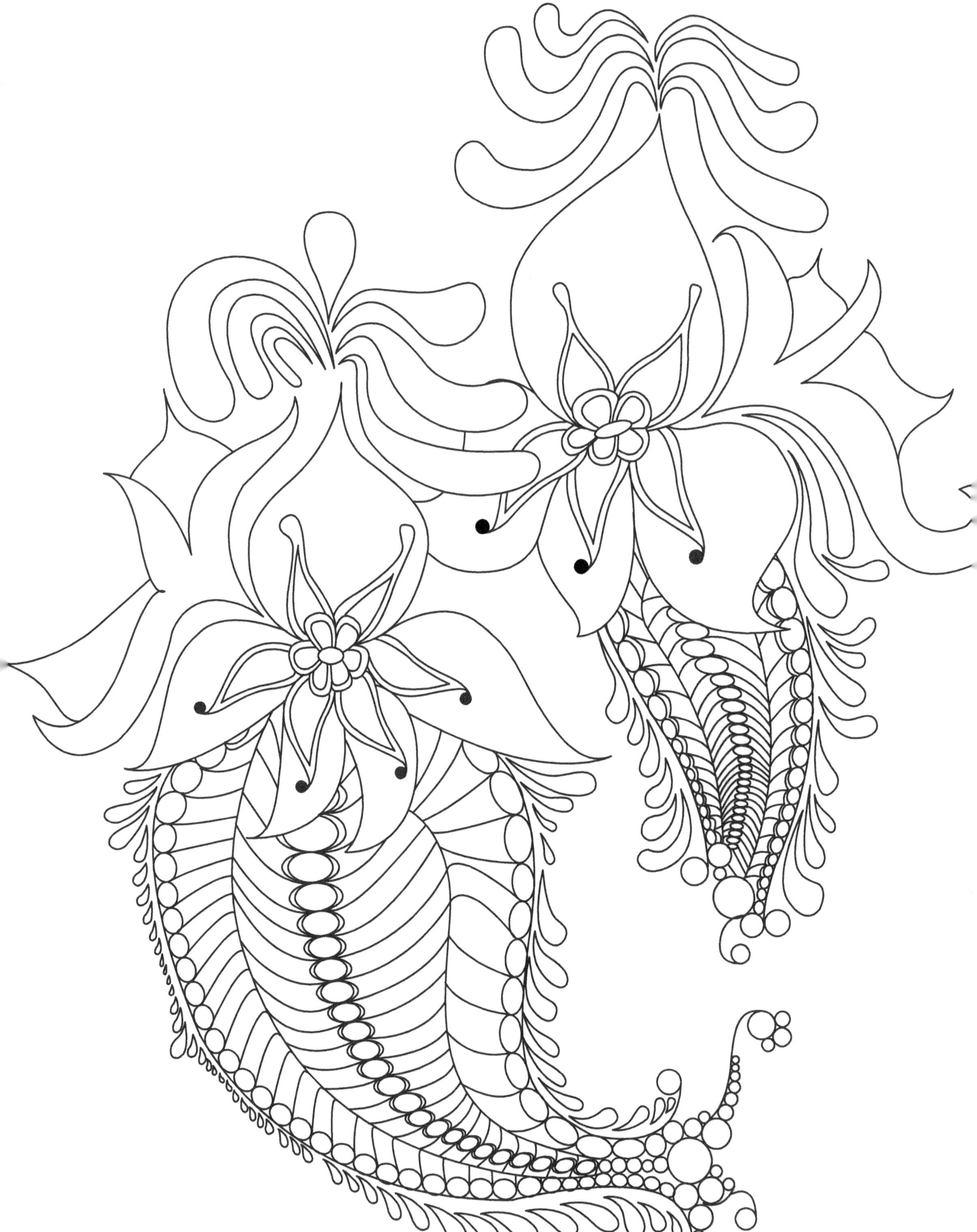

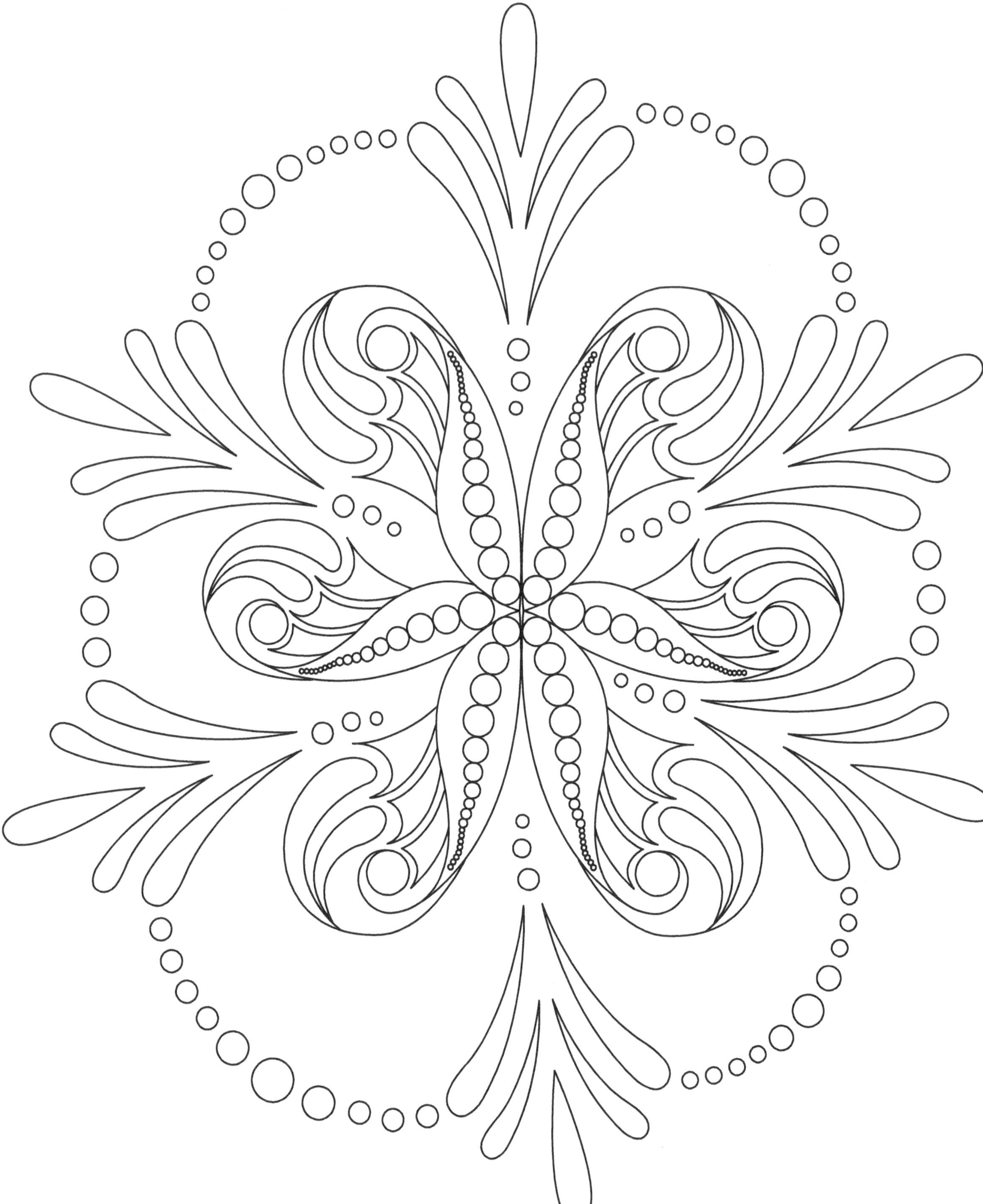

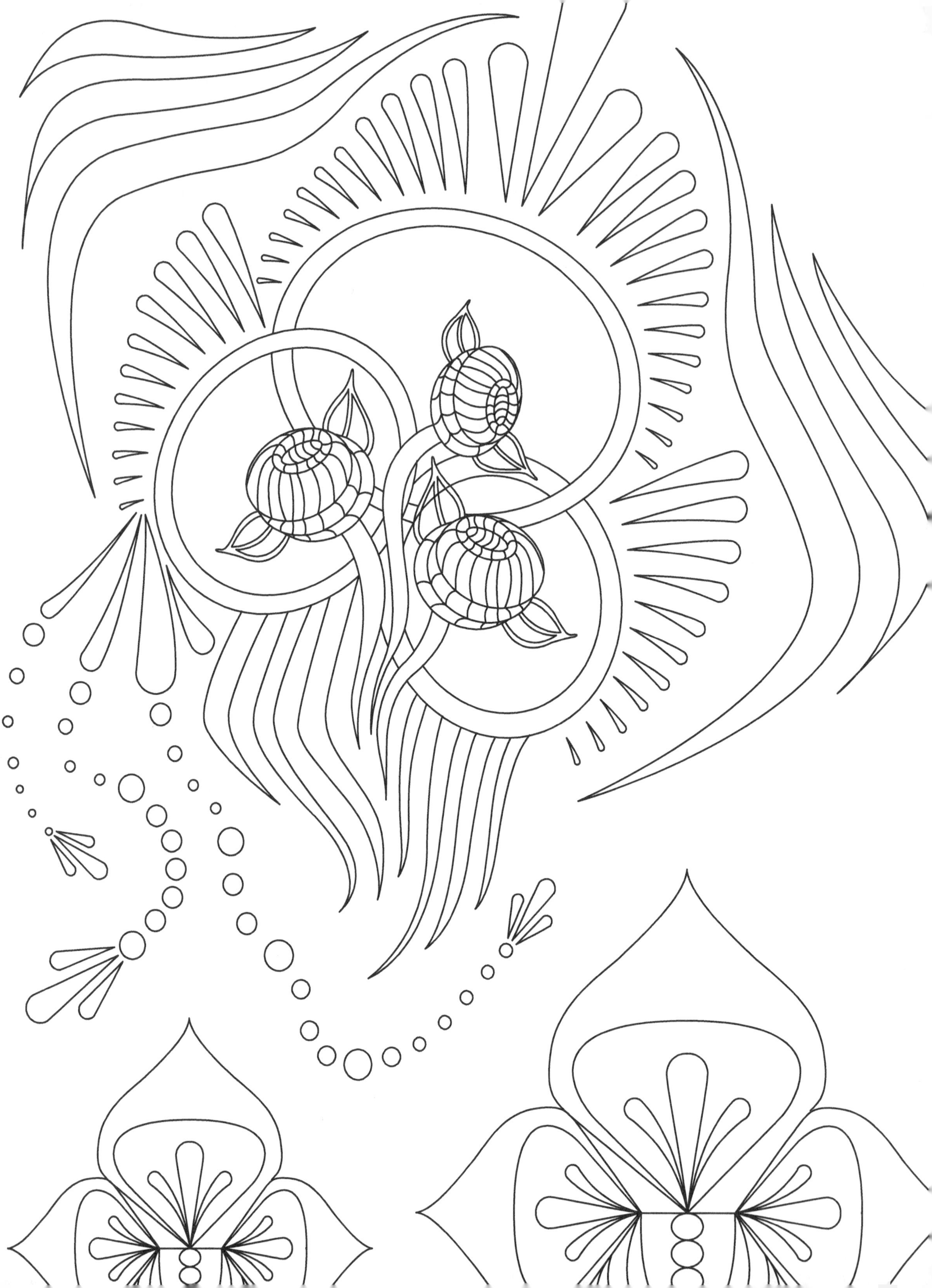

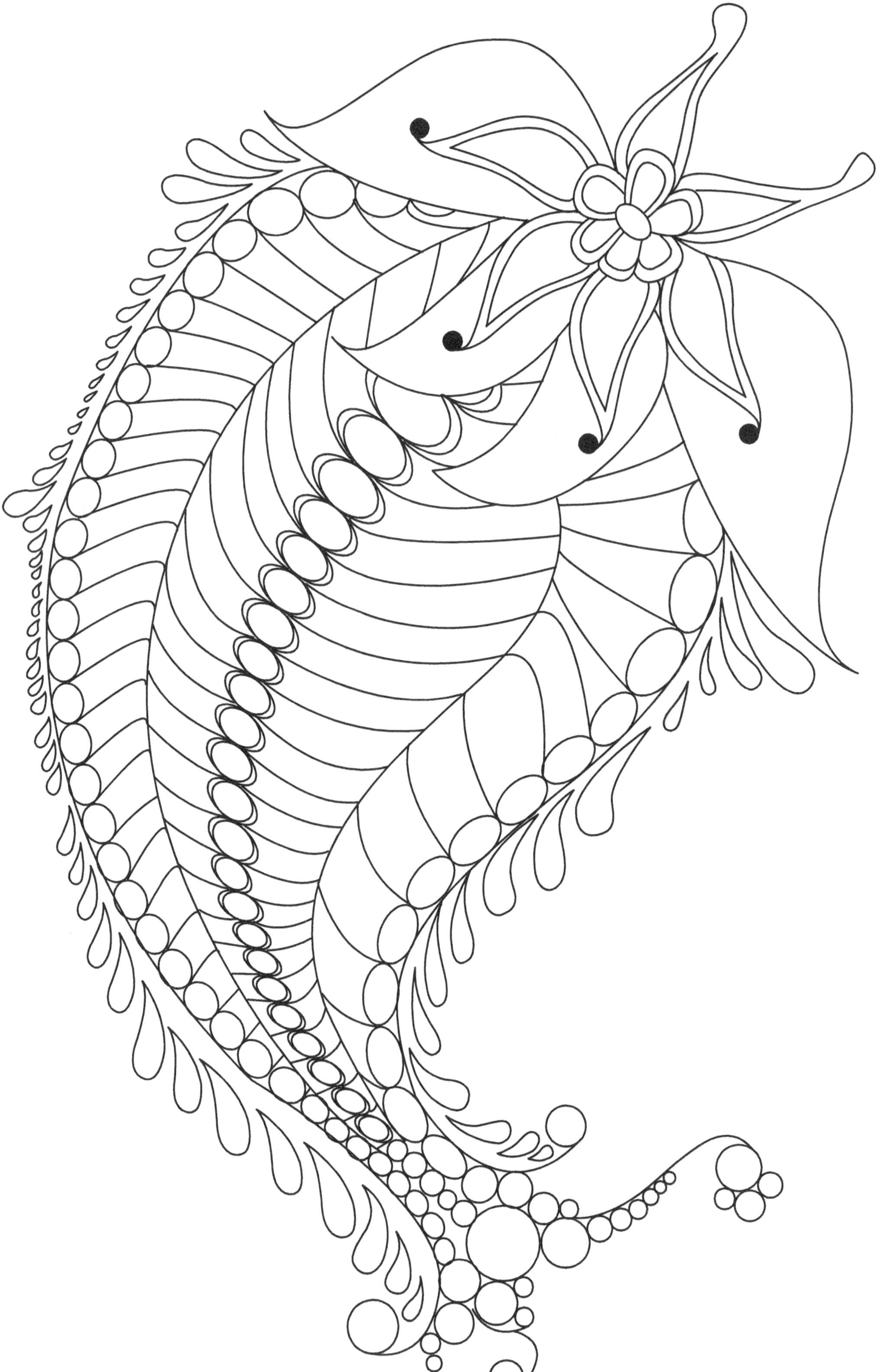

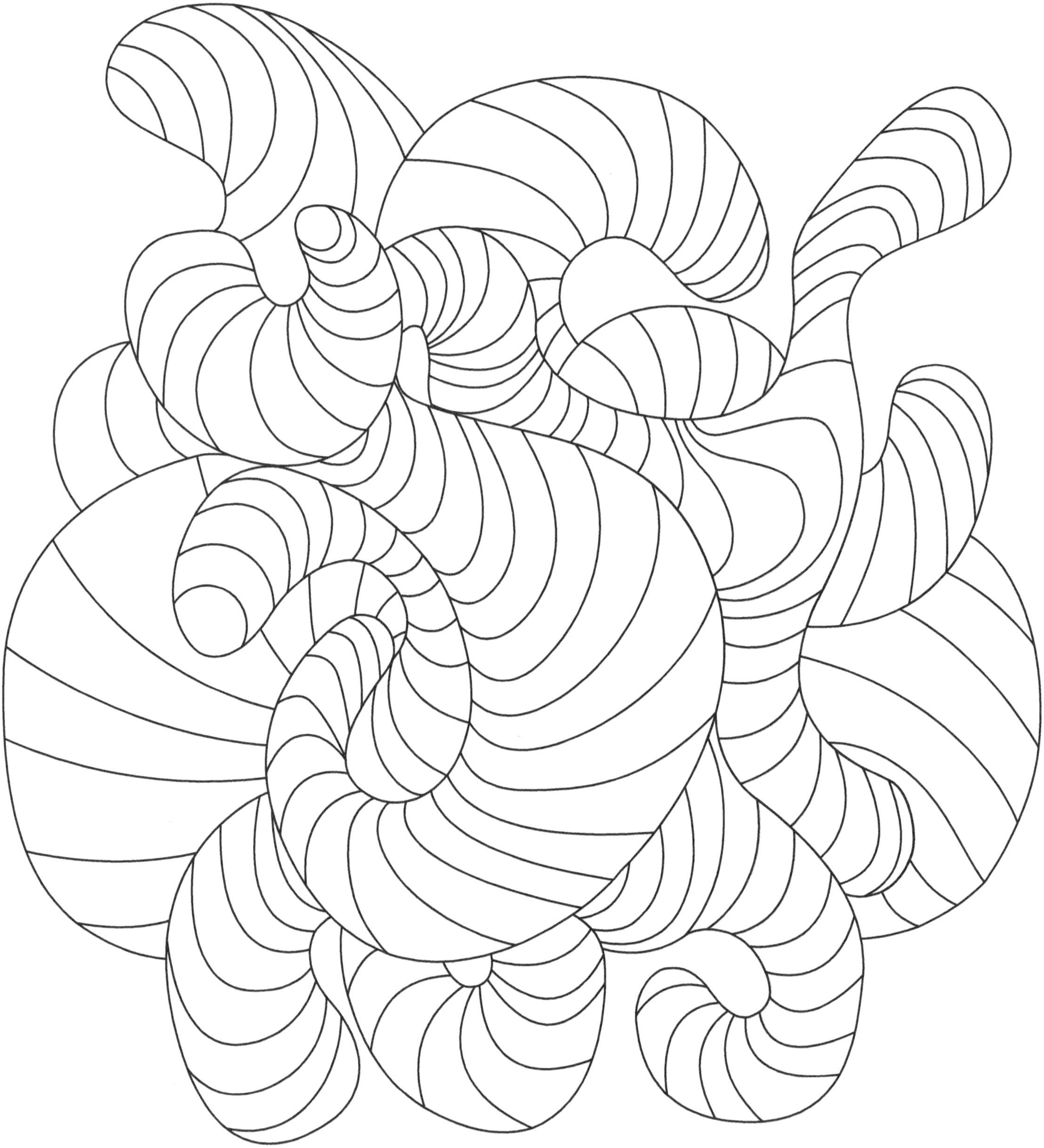

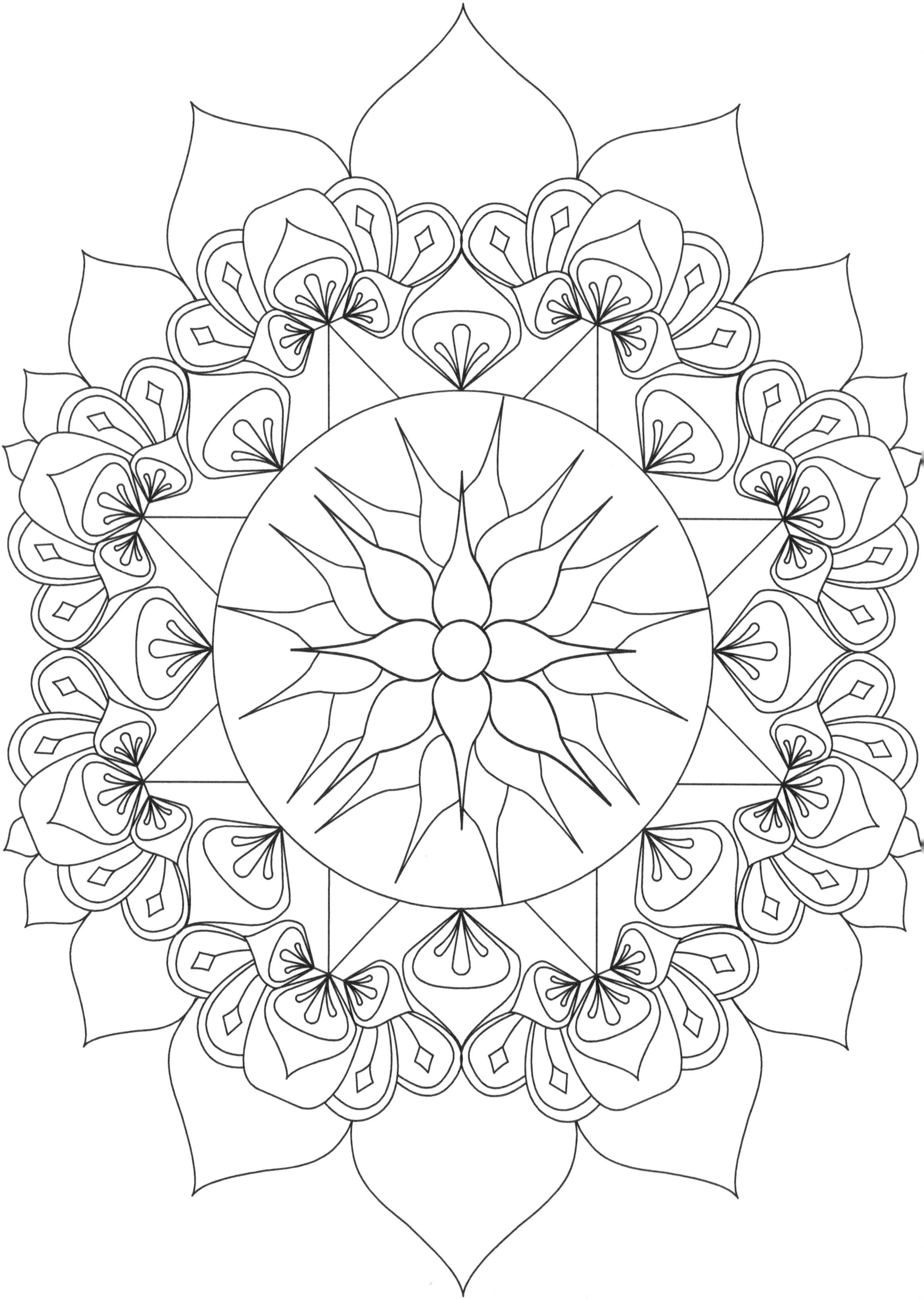

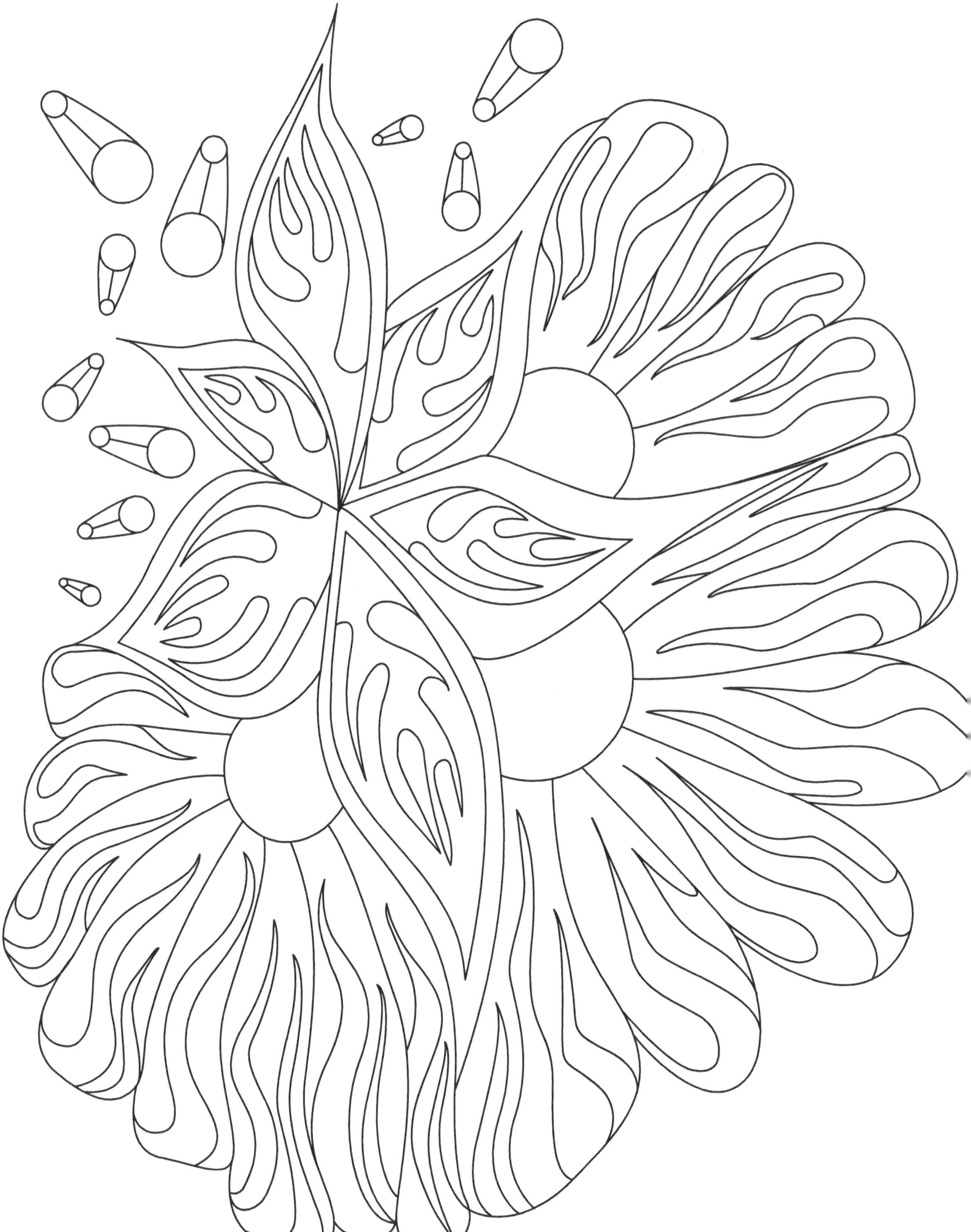

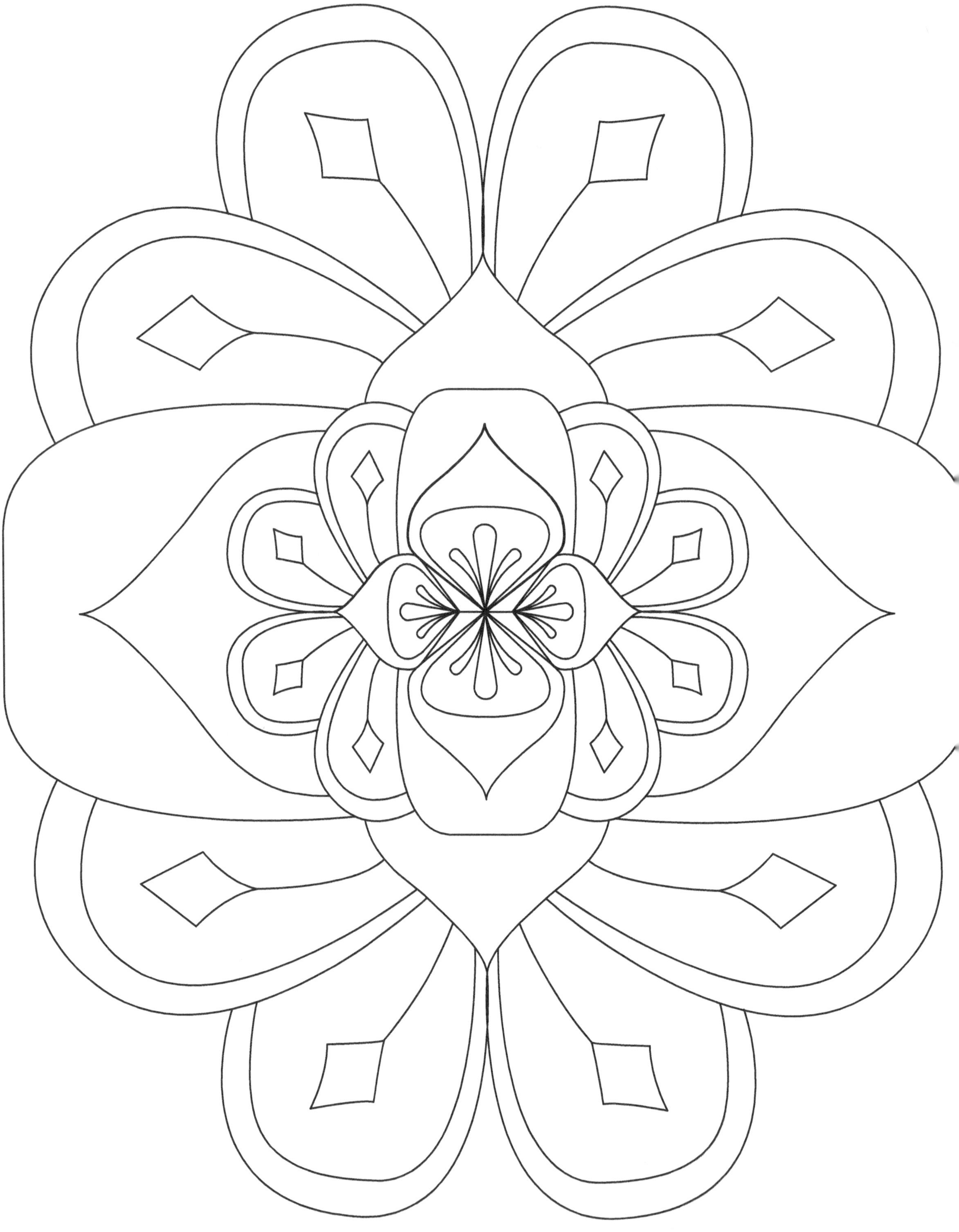

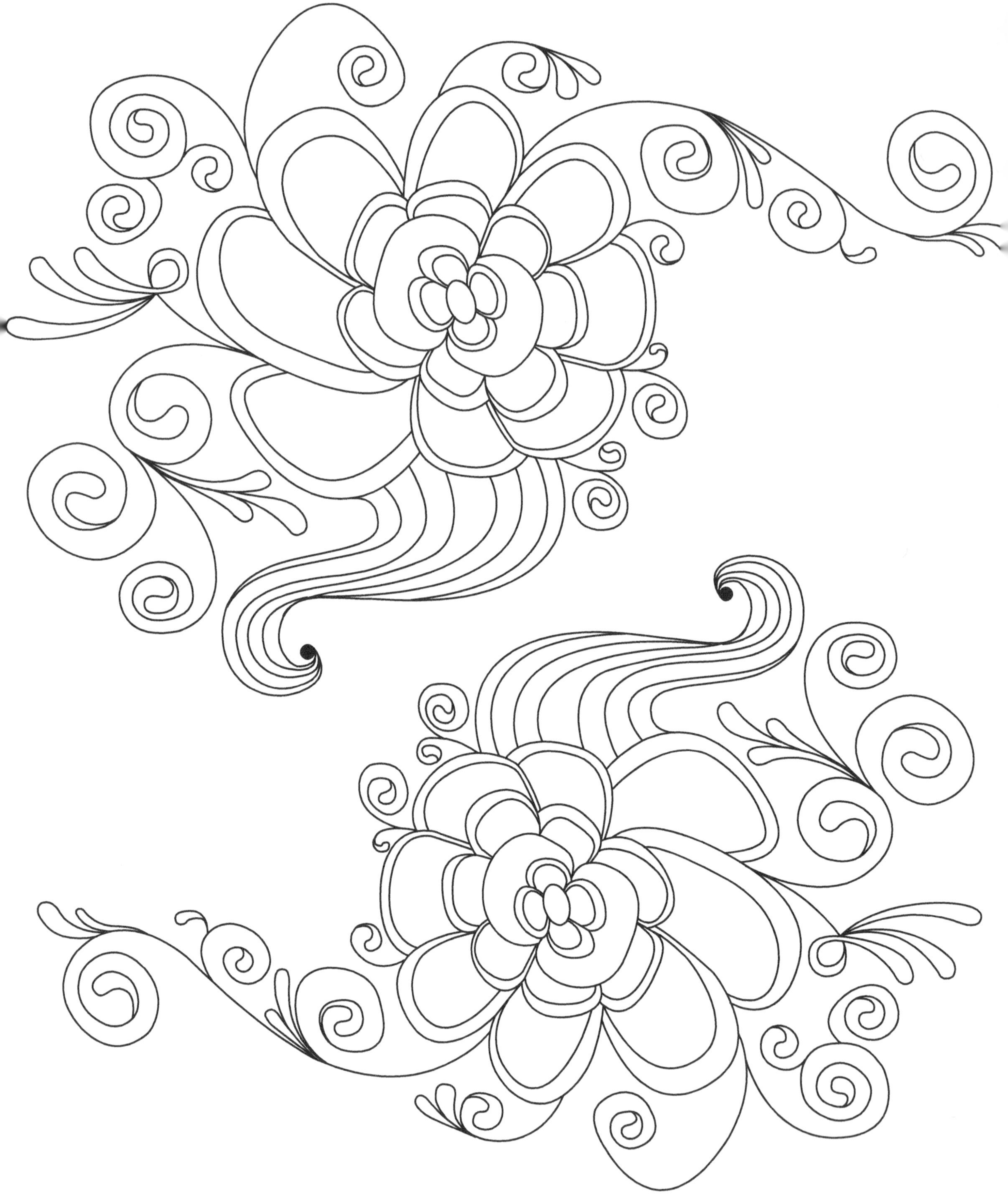

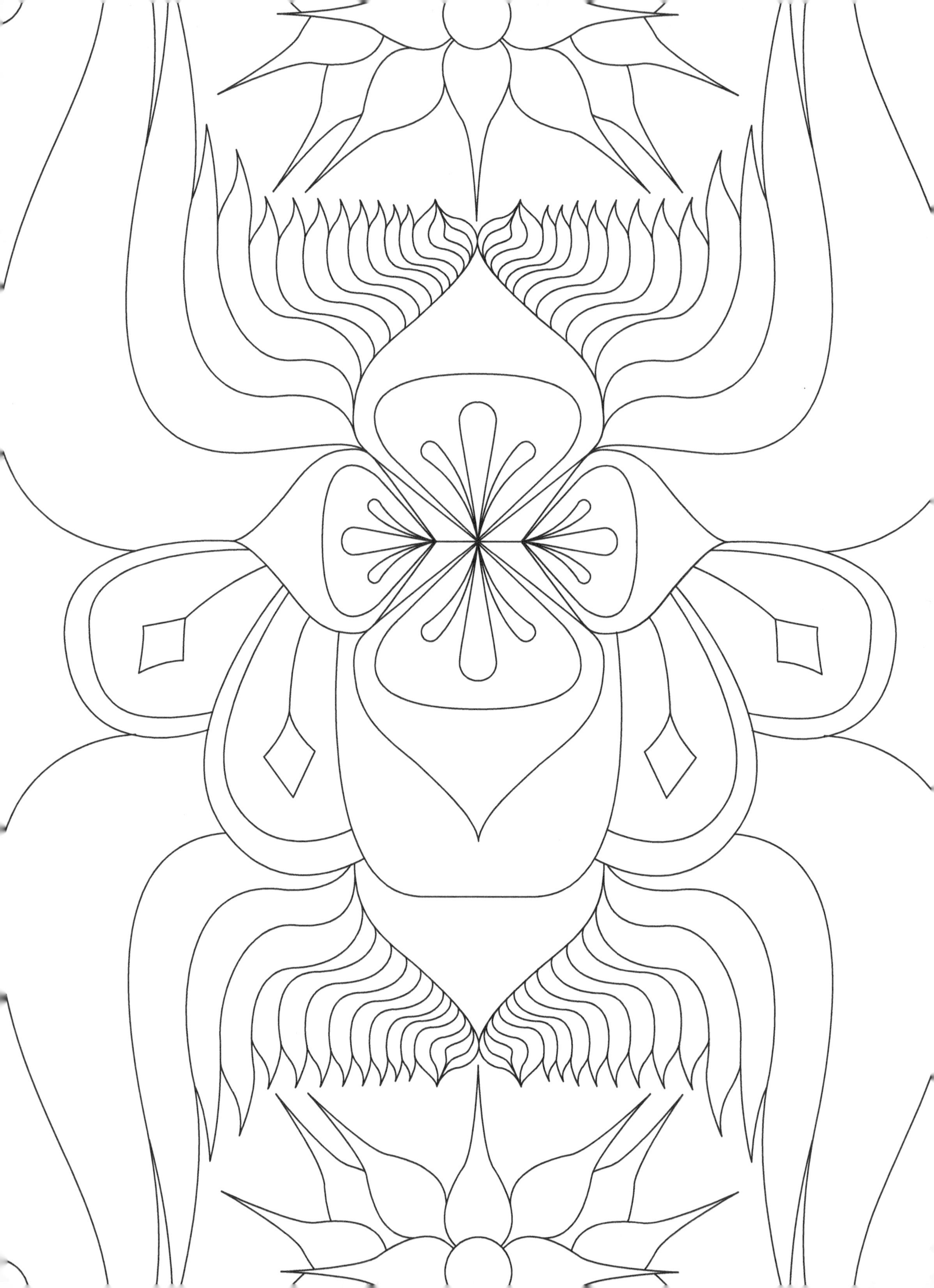

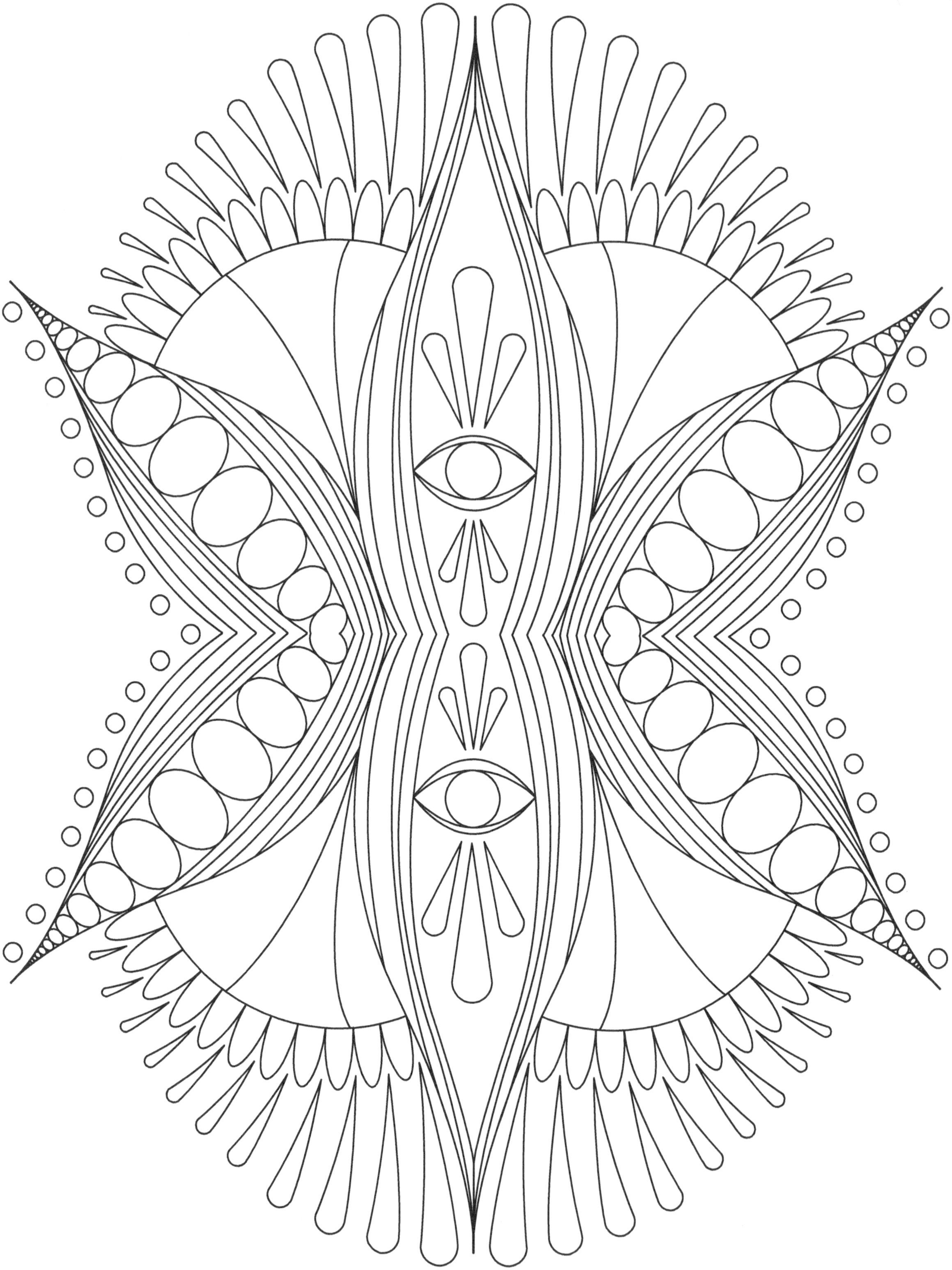

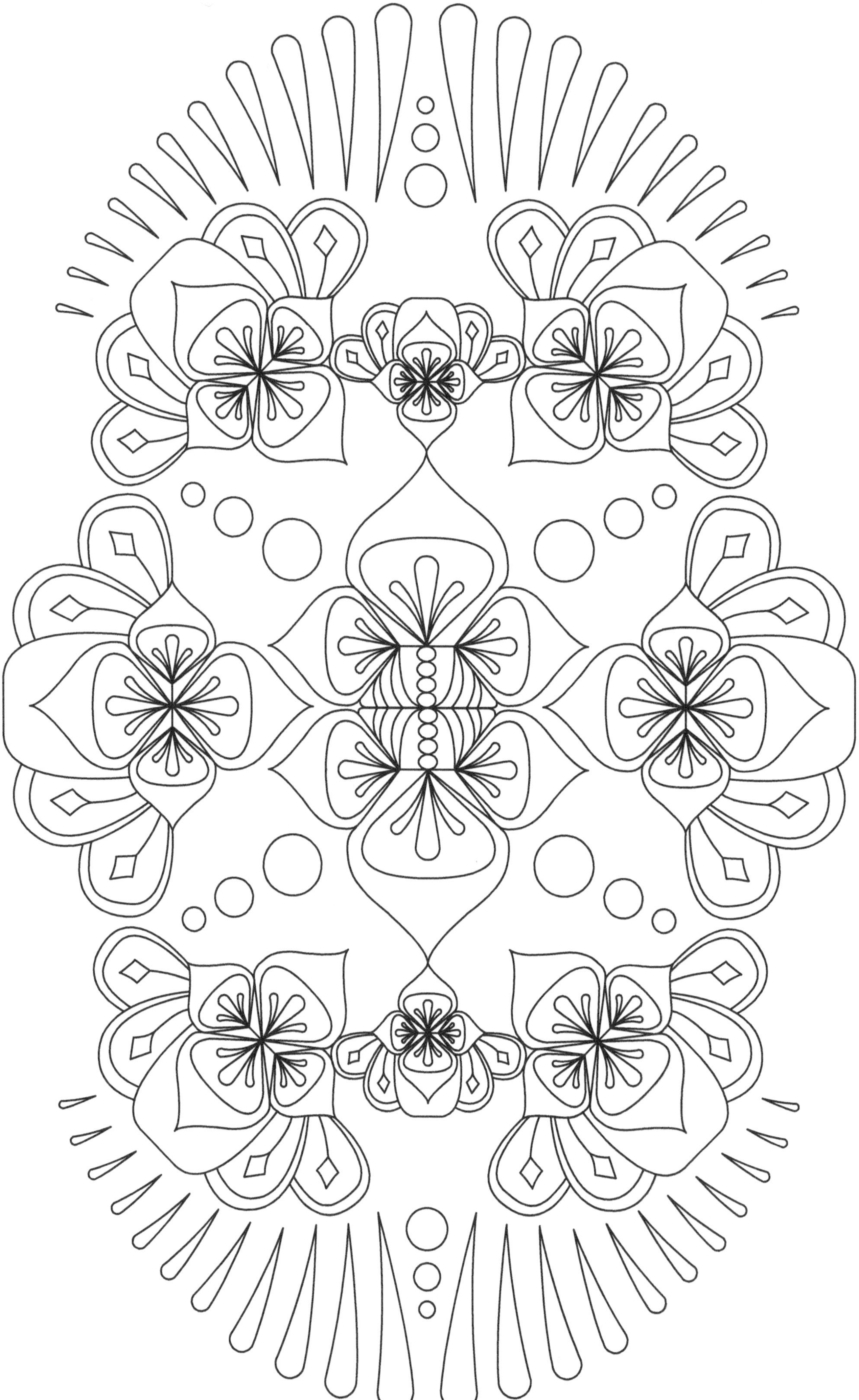

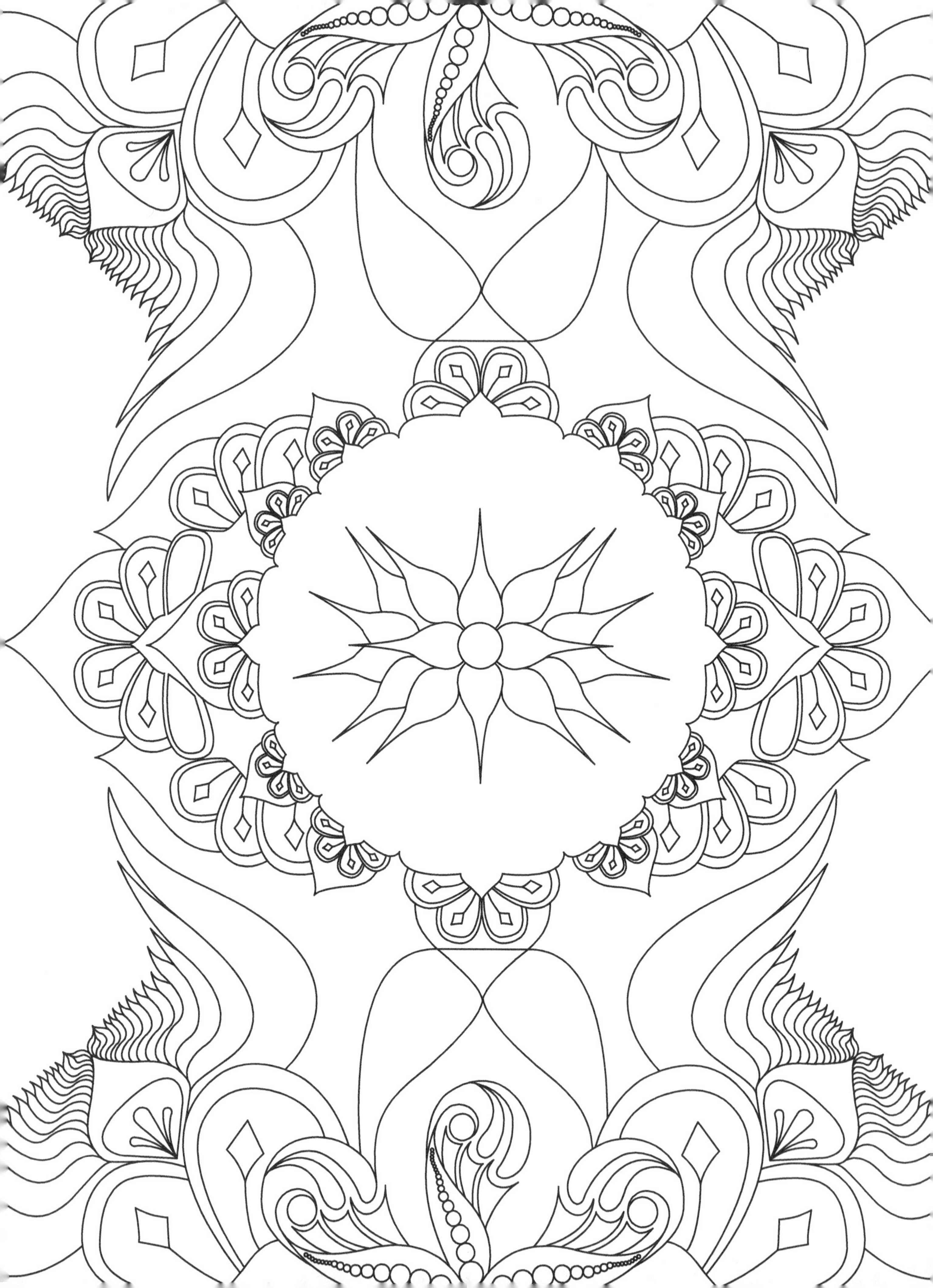

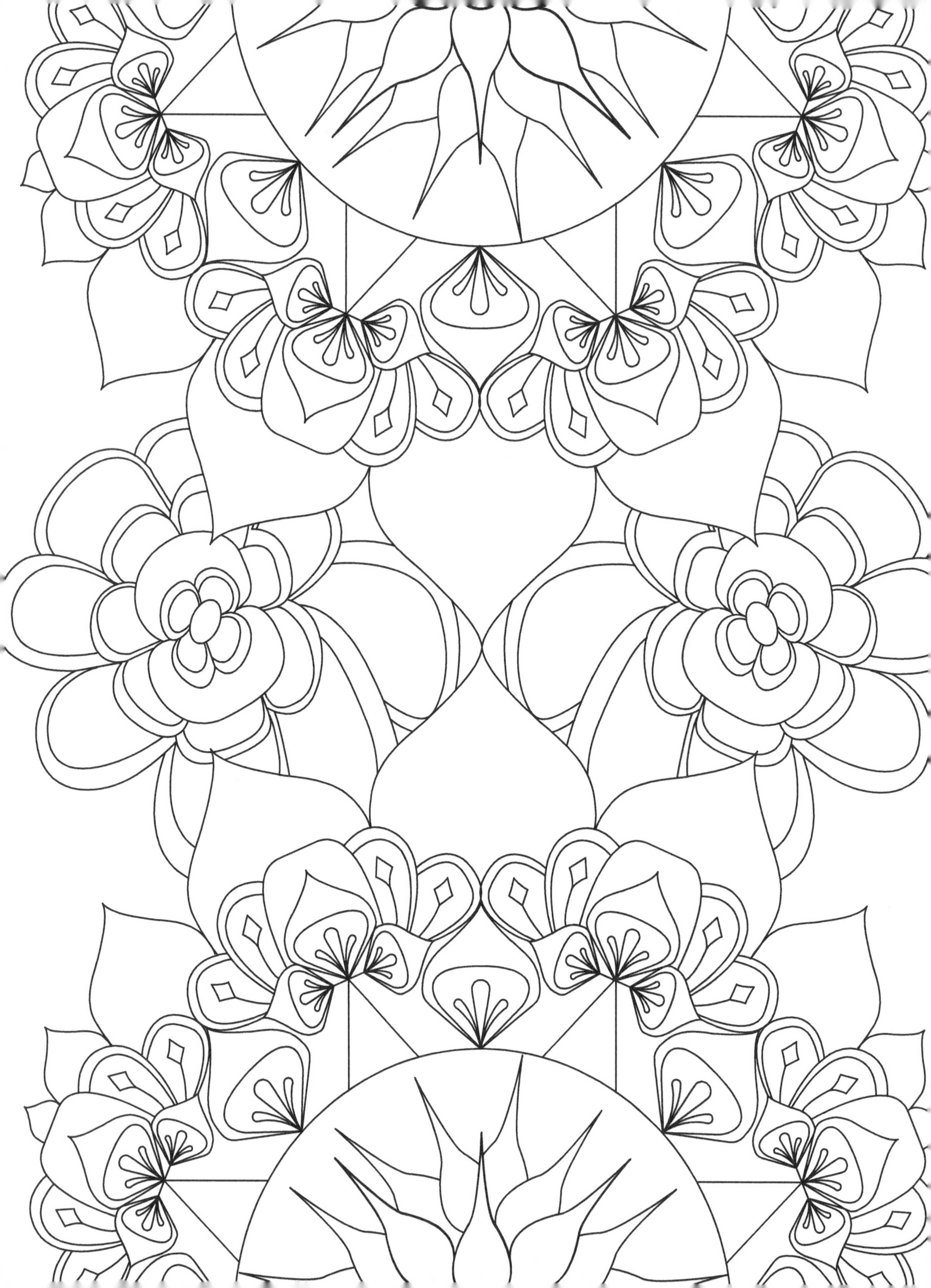

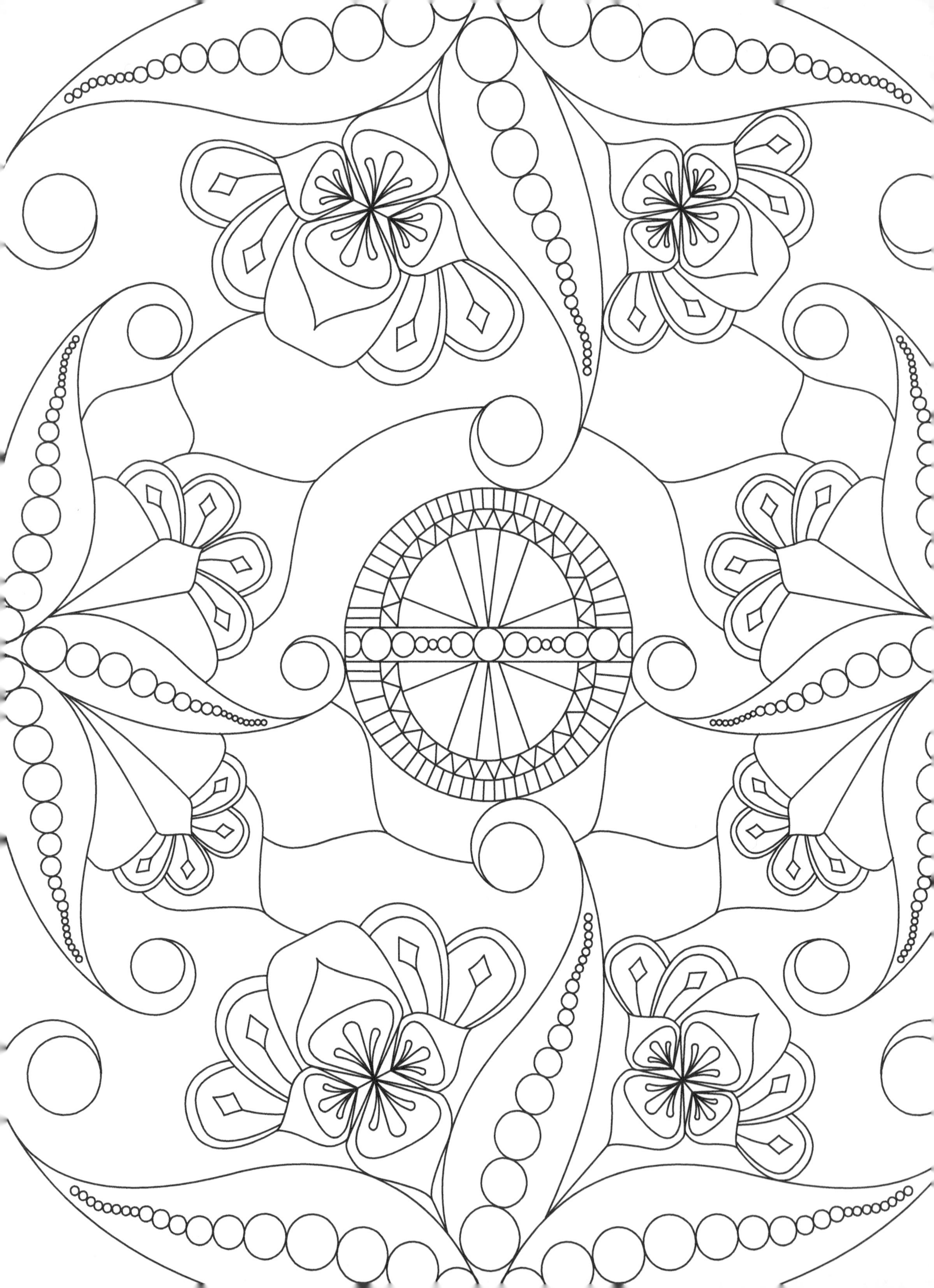

www.ingramcontent.com/pod-product-compliance
Lightning Source LLC
Chambersburg PA
CBHW051948280526
45789CB00009B/3214
* 9 7 8 1 5 4 1 1 6 9 8 2 1 *